AF554081

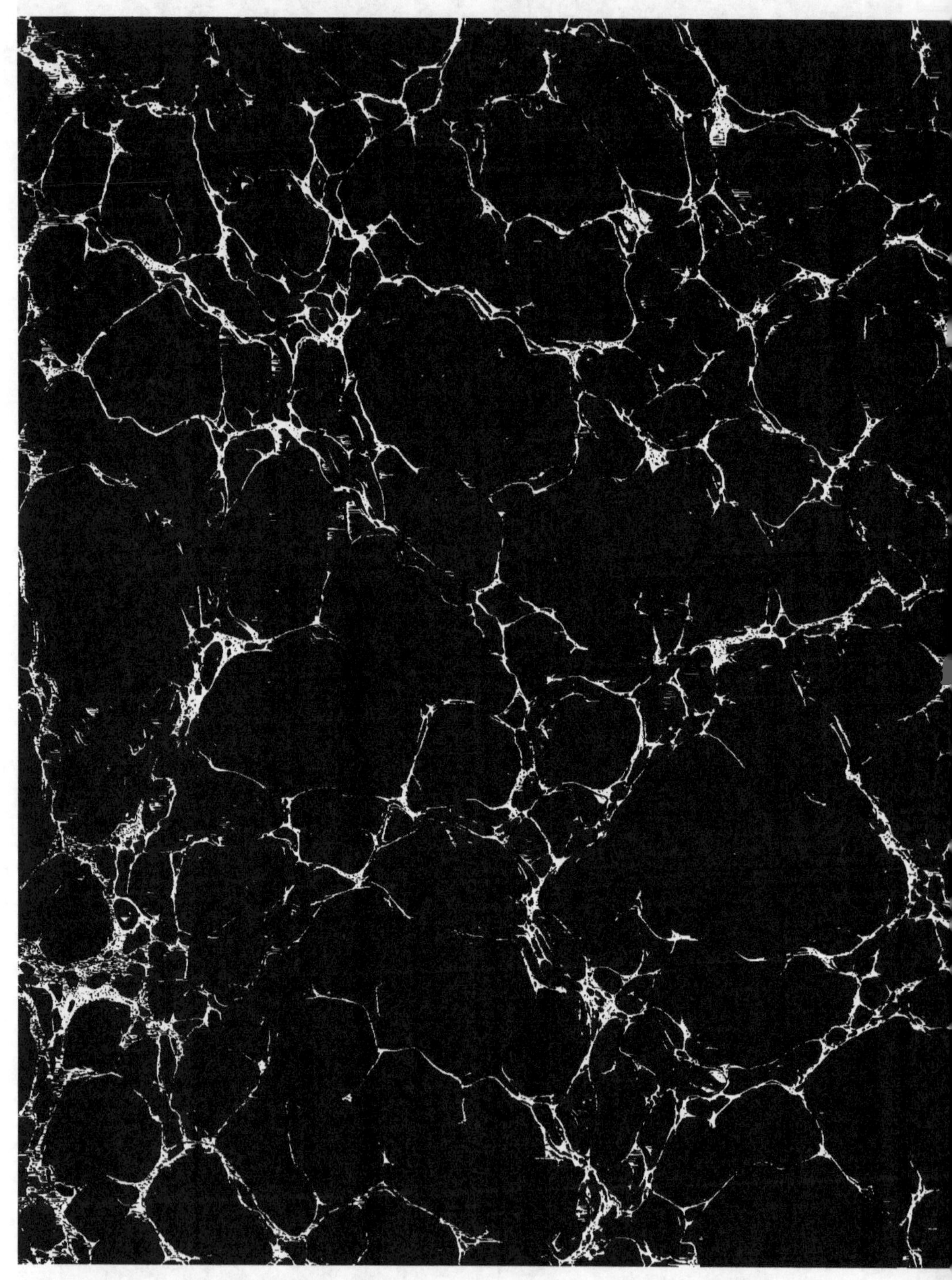

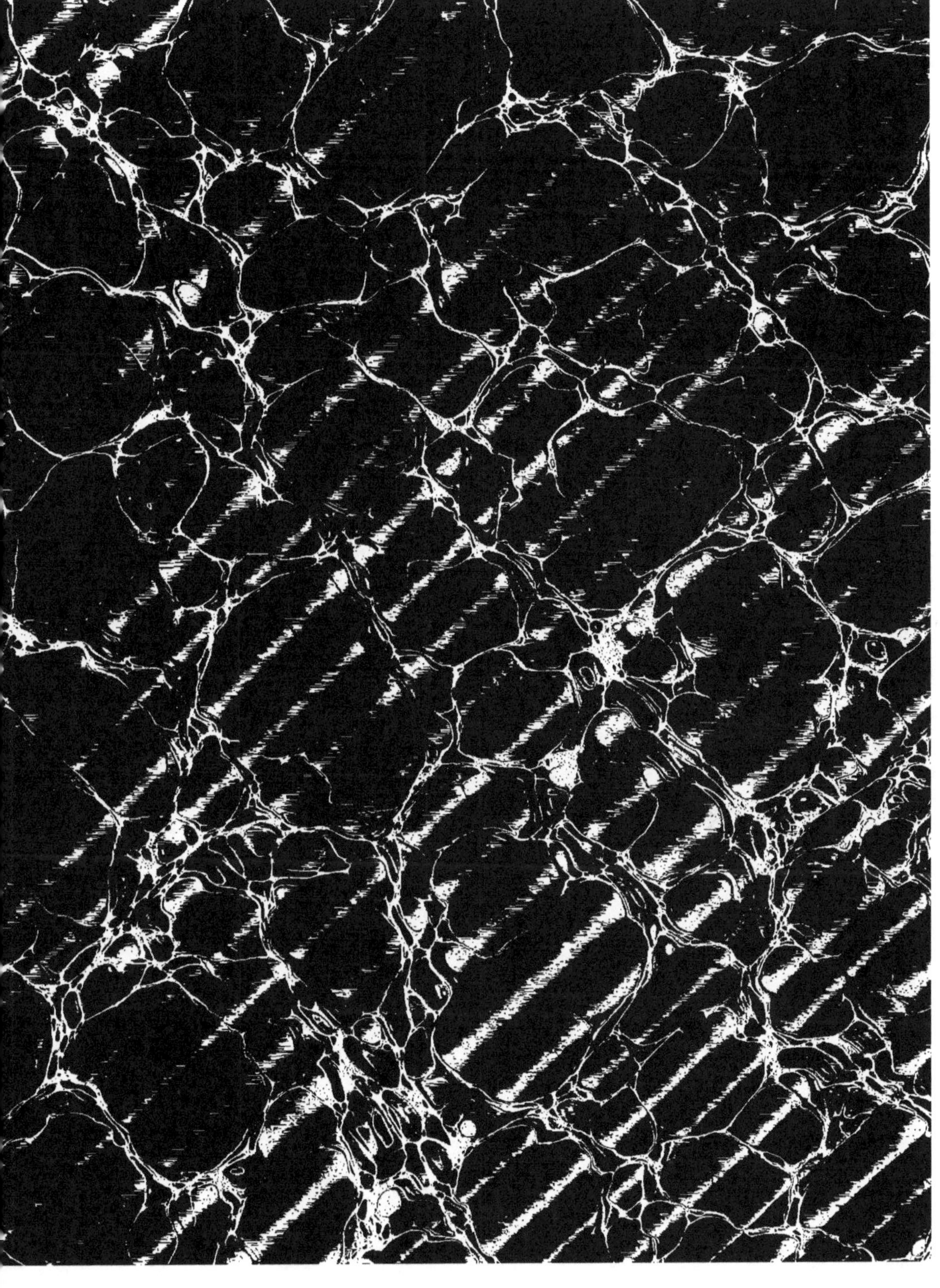

DOCKS-ENTREPOTS DE LA VILLETTE

Paris. — Typographie Hennuyer, rue du Boulevard des Batignolles, 7.

DOCKS-ENTREPOTS DE LA VILLETTE

DÉTAILS PRATIQUES

SUR LES

DIVERSES CONSTRUCTIONS

DE CET ÉTABLISSEMENT

PAR

M. ÉMILE VUIGNER

INGÉNIEUR CIVIL, OFFICIER DE LA LÉGION D'HONNEUR.

PARIS

DUNOD, EDITEUR,

SUCCESSEUR DE Vve DALMONT,

Précédemment Carilian-Gœury et Victor Dalmont,

LIBRAIRE DES CORPS IMPÉRIAUX DES PONTS ET CHAUSSÉES ET DES MINES,

Quai des Augustins, 49.

1861

MÉMOIRE

RELATIF

AUX DOCKS-ENTREPOTS DE LA VILLETTE

EXPOSÉ

Le grenier d'abondance à la Bastille et la halle aux blés étaient les seuls établissements existant à Paris, en 1836, pour l'entrepôt des farines et des céréales, et ces établissements n'étaient même pas convenablement disposés pour permettre les approvisionnements que réclamait le commerce. D'un autre côté, les magasins de Saint-Denis, de Corbeil et de Meaux étaient trop éloignés, ils avaient trop peu d'importance, pour atteindre ce but et faciliter des transactions commerciales.

La création d'un vaste magasin public destiné spécialement à entreposer et à manutentionner, pour leur conservation, les grains, les graines et les farines, était donc une nécessité de l'époque.

Une Société particulière se forma pour l'établir à la Villette, et elle fit élever rapidement le magasin-dock d'entrepôt n° 1, qui domine le bassin de la Villette à son extrémité est (pl. I et II).

La Villette avait été choisie comme la localité la plus convenable pour l'emplacement d'un vaste magasin d'entrepôt de céréales à construire sur une grande échelle, parce qu'elle pouvait être considérée comme le centre des arrivages de grains par les voies de communication existant alors.

Pendant les premières années, le magasin fut à peine suffisant pour les dépôts de céréales qui vinrent s'y former; mais le gérant, qui était en même temps un des plus forts négociants en grains de la capitale, finit par en faire son établissement particulier, et il fut bientôt délaissé par les autres négociants, qui ne voulaient pas donner à un de leurs concurrents la connaissance de leurs approvisionnements et de leurs affaires.

La Société se reconstitua en 1850, et l'insuffisance du premier établissement se manifesta de nouveau. La construction d'un second magasin-dock semblable au premier fut décidée en juillet 1852, et, dans les premiers mois de 1853, la Société nouvelle livra au commerce le magasin n° 2 (pl. I et II).

La Compagnie des canaux de l'Ourcq et de Saint-Denis voulut elle-même avoir un spécimen des magasins qu'elle avait la faculté d'élever sur les francs-bords du bassin de la Villette, conformément à son traité additionnel avec la ville de Paris, en date du 11 février 1841, et elle fit construire la portion de la masse située à l'extrémité ouest de ce bassin, sur la rive droite (pl. I et II).

La Société particulière, qui avait fait établir les deux magasins-docks en tête du bassin de la Villette, à son extrémité est, reconnut, après quelques années d'expérience dans ces conditions nouvelles, que des établissements de cette nature, formés uniquement pour une certaine spécialité de marchandises, ne pouvaient pas avoir tout le résultat qu'on devait en attendre.

Il fallait songer, d'un autre côté, à se rapprocher des gares des chemins de fer, pour être à même de recevoir les marchandises qui pouvaient arriver ou être réexpédiées par ces nouvelles voies de communication.

La Société se reconstitua avec un capital plus considérable, et elle forma un second dock aux abords du bassin du pont de Flandre ; elle fit construire, en 1854, le grand magasin n° 1 et le chais n° 1 (pl. I et XVI).

Le grand bâtiment n° 1 fut disposé pour recevoir des marchandises de toutes natures, et notamment des huiles pour l'entrepôt desquelles il fut établi, dans les caves, de grands réservoirs en tôle, devant éviter toute espèce de déchet.

Le chais était destiné plus spécialement à entreposer des vins et des esprits.

Un traité passé avec la préfecture de la Seine pour l'emmagasinement de la majeure partie de la réserve de la ville de Paris, en exécution du décret impérial du 1er novembre 1854, relatif au commerce de la boulangerie, détermina la Compagnie à faire élever le grand magasin n° 2 et le chais n° 2, qui furent disposés plus spécialement pour recevoir des farines (pl. I et XVI).

Ces deux bâtiments, commencés en novembre 1858, furent terminés dans le courant du mois d'avril 1859.

Les magasins-docks de la Villette, tels qu'ils existent aujourd'hui, peuvent donc être considérés comme disposés spécialement pour entreposer des grains, des graines, des farines et fécules, des huiles, des vins et des esprits, mais on peut y recevoir aussi des marchandises de toute autre nature, et notamment les denrées coloniales.

L'emmagasinement des huiles dans des réservoirs en tôle est la première application qui ait été faite en France, sur une grande échelle, de ce système en usage déjà en Hollande et en Belgique, et qu'il serait bien important de pouvoir appliquer aux esprits.

Appelé à dresser les projets de ces entrepôts-docks, et à en diriger la construction, nous n'avons entrepris cette tâche qu'après avoir visité nous-même des établissements de même nature en Angleterre, en Irlande et en Ecosse, et après avoir fait visiter ceux existants en Belgique, en Hollande et dans le Bordelais.

Une expérience de quelques années ayant prononcé sur les systèmes suivis, nous avons pensé qu'il pouvait être de quelque utilité de donner les détails de ces constructions, en indiquant les divers problèmes que nous avons cherché à résoudre pour arriver à réunir les conditions nécessaires à la formation d'un établissement industriel de cette importance ; c'est dans ce but que nous avons rédigé le mémoire relatif aux docks-entrepôts de la Villette, et composé les planches qui y sont annexées.

Nous considérerons chacun des bâtiments dans ses dispositions générales et dans le système particulier de son établissement, et nous donnerons le détail de sa construction sous le rapport de sa stabilité, de son appropriation et de son exploitation.

Nous ferons connaître, enfin, les prix de revient de chacun de ces bâtiments.

Nous devons indiquer, en terminant cet exposé, que les monte-sacs hydrauliques, établis dans le magasin-dock n° 1 du bassin de la Villette, ont été exécutés d'après des projets dressés par M. Guillaume, répétiteur à l'Ecole centrale, qui avait fait un voyage en Angleterre, pour y étudier plus spécialement les divers systèmes d'appareils hydrauliques fonctionnant dans les docks et dans les gares de chemins de fer.

DOCKS-ENTREPOT

DU BASSIN DE LA VILLETTE.

MAGASIN N° 1

Élevé sur le terre-plein, rive gauche du bassin de la Villette, à l'angle de la rue de Bordeaux et du quai de la Loire.

Dispositions principales du magasin et de ses dépendances.

Le magasin n° 1 (pl. I et II) est construit sur le terre-plein, rive gauche du bassin de la Villette, à l'angle de la rue de Bordeaux et du quai de la Loire.

Ce terre-plein présente une surface totale de 3,340 mètres carrés, déduction faite d'un chemin de halage que l'autorité supérieure a fait réserver.

Le bâtiment principal prend une superficie de 2,112^{m},20; la cour de service, le chemin de ronde et autres dépendances occupent les 1,227^{m},80 complémentaires (pl. III).

La cour de service, d'une largeur libre de 8^{m},80, règne dans toute la longueur du magasin, du côté du quai de la Loire. Deux pavillons très-simples sont placés aux angles extrêmes. L'un de ces pavillons sert de loge de concierge; les bureaux de l'administration sont établis dans le second.

Des murs de clôture limitent la cour de service et le chemin de ronde, et isolent ainsi le magasin de toutes les voies publiques ; condition indispensable pour un établissement de cette nature.

Un chenal de 8^{m},20 d'ouverture, établi parallèlement à celui du pont tournant, dans le prolongement du bassin de la Villette, se trouve placé au milieu du magasin, et s'étend à l'intérieur sur une longueur de 45 mètres.

Un pont roulant en fonte, placé en tête du chenal, rétablit au besoin la communication pour le service du halage.

Le bâtiment principal, d'une longueur de 59 mètres et d'une largeur de 35^{m},80 hors œuvre, est élevé de six étages au-dessus du rez-de-chaussée (pl. IV). Il est divisé en quinze travées transversales et sept travées longitudinales. Ces travées ont 3^{m},80 d'axe en axe, à l'exception des deux travées transversales extrêmes, qui n'ont que 2^{m},80 d'entre-axe, et de la travée longitudinale du milieu, qui correspond au chenal intérieur et qui présente par ce motif une ouverture de 8^{m},90.

A tous les points d'intersection de ces lignes de travées, s'élèvent des poteaux montant d'étage en étage. Les poteaux des travées extrêmes, dans l'un et l'autre sens, sont distants des murs extérieurs d'un mètre en moyenne, et ils forment ainsi, à chaque étage, une galerie ou chemin de ronde au pourtour du magasin, en dégageant les murs de toute charge étrangère au poids des maçonneries.

Le sol du rez-de-chaussée est à 1^{m},20 en moyenne en contre-haut du sol de la cour de service; le premier étage est à 4 mètres au-dessus du rez-de-chaussée et les autres étages n'ont qu'une hauteur de 2^{m},85 d'un plancher à l'autre ou 2^{m},30 sous poutre.

Un seul toit, dans un bâtiment de cette importance, eût entraîné dans des dépenses trop considérables. Pour éviter cet inconvénient on a construit, dans le sens de la longueur, cinq toits occupant chacun trois travées transversales. Au moyen de cette disposition, les faîtages n'ont qu'une élévation ordinaire au-dessus de la corniche et les murs n'éprouvent aucune poussée à leur partie supérieure.

Des dispositions ont été prises pour l'établissement de deux machines à vapeur au milieu du bâtiment. Des constructions ont été faites à cet effet contre le mur de l'est, à l'intérieur pour les chambres des machines, et à l'extérieur pour les chaudières. Il n'a été établi jusqu'ici qu'une seule machine dans l'une des chambres intérieures.

Une machine d'épuration (système de Maupeou) a été installée dans l'encoignure nord-est, à l'intérieur du magasin ; on a fait, dans cette portion du bâtiment, toutes les constructions que réclamait l'installation de cette machine, nécessaire à l'exploitation d'un grand entrepôt de céréales.

Système particulier de construction.

Dans un bâtiment de cette étendue, et d'après les dispositions prises, les murs ne devaient former qu'une enveloppe d'enceinte ; la stabilité du bâtiment ne pouvait donc être basée que sur le système de charpenterie à admettre dans l'espèce.

Le plus ordinairement en France, dans les constructions de ce genre, à l'époque de l'établissement de ce magasin, les poteaux montants étaient en bois de chêne, et étaient couronnés, d'étage en étage, par des chapeaux en bois de même essence, qui servaient d'appui aux poutres supportant les planchers. Les poteaux montants des étages supérieurs s'assemblaient sur ces chapeaux, souvent même ils portaient directement sur les poutres.

A la même époque, en Angleterre, on commençait à remplacer les poteaux en bois par des colonnes en fonte, couronnées par des espèces de chapiteaux en même métal, qui les reliaient entre elles aux points de jonction, et servaient en même temps à supporter les poutres moisant le pied des colonnes de l'étage supérieur.

Le système admis en France présentait les plus graves inconvénients, les faits ne manquaient pas pour confirmer l'exactitude de cette assertion.

D'un côté, le mode d'assemblage des poutres entre elles et avec les poteaux laissait beaucoup à désirer sous le rapport de la solidité ; d'un autre côté, on sait que les bois se compriment sensiblement dans le sens perpendiculaire aux fibres, et cette compression a lieu, non-seulement pour les chapeaux couronnant les poteaux à chaque étage, mais encore pour les poutres supportant ces poteaux. Cet effet détermine évidemment un tassement qui augmente d'étage en étage et qui devient assez fort, dans les étages supérieurs, pour modifier notablement le niveau des planchers.

Les magasins de Corbeil, ceux de Meaux et de Saint-Denis, et la majeure partie des autres magasins construits dans ce système en France, comme à l'étranger, présentaient des exemples frappants de ces effets et des inconvénients qui en résultaient sous le rapport de la stabilité et de l'exploitation.

Le mode de construction qu'on commençait à adopter en Angleterre obviait à ces inconvénients, mais son adoption eût entraîné en France dans une dépense considérable, par suite du prix élevé des fontes.

Il fallait chercher une autre combinaison et on a fini par admettre un système mixte, qui satisfait à la fois aux conditions de stabilité et d'économie.

On a conservé les poteaux montants en bois de chêne; mais pour éviter la compression des fibres, on les a couronnés à chaque étage par un chapeau en fonte ayant la même destination que les chapiteaux des colonnes du système anglais (pl. VII, fig. 1 à 12).

Ce chapeau, dans sa partie inférieure, vient coiffer la tête du poteau montant; une partie pleine est interposée entre les deux poteaux, et une mortaise y est ménagée pour le tenon du poteau supérieur, dont le pied est ainsi convenablement assujetti. Des poutres en moises, portant en entier sur la partie supérieure des chapeaux, embrassent les pieds des poteaux en les maintenant dans le sens de la largeur du bâtiment; des solives principales viennent également les moiser dans le sens de la longueur. Pour mieux assujettir les poteaux montants, les poutres en moises sont entaillées d'une certaine quantité variable, selon les étages, et sont maintenues dans leur position par des plates-bandes reliées par des boulons, qu'il y ait ou non joint d'assemblage, de sorte que chaque système de poutres forme ainsi un tirant dans le sens de la largeur. Les solives principales sont reliées de même par des plates-bandes, mais seulement à leur point de jonction, et elles forment tirant dans le sens de la longueur.

Un seul réseau de pièces de charpentes forme donc à chaque étage la constitution du plancher.

Dans ce système, les murs ne servant réellement que d'enveloppe, on n'a dû leur donner que des dimensions suffisantes pour leur propre stabilité, en les reliant du reste à la charpente au moyen d'ancres et de tirants placés, à chaque étage, aux abouts des poutres et des moises longitudinales (pl. VIII, fig. 9 et 10).

Il est résulté de ce système particulier de construction une grande simplicité d'assemblages.

DÉTAILS DE CONSTRUCTION SOUS LE RAPPORT DE LA STABILITÉ.

Fondations. — Maçonneries.

Le sol sur lequel est assis le magasin est composé de terrains de remblais, d'une couche de terre végétale assez spongieuse dans la partie supérieure et sablonneuse dans la partie inférieure, et d'un banc d'argile recouvrant le banc de plâtre de cette partie du bassin de Paris.

On a traversé les terrains de remblais ainsi que la couche de terre végétale, on a même entamé la partie supérieure du banc d'argile et l'on a établi les fondations sur l'argile pure dont l'épaisseur, constatée par des sondages, est de 10 mètres en moyenne.

Le sol du rez-de-chaussée a été fixé à $1^{m},50$ en contre-haut du couronnement des murs des quais du bassin de la Villette; cette élévation, combinée avec la position de la surface supérieure du banc d'argile inclinée assez sensiblement de l'est à l'ouest, a déterminé une hauteur moyenne de fondation de $3^{m},40$, dont $2^{m},15$ en béton jusqu'à la hauteur du sol naturel et $1^{m},25$ en maçonnerie de meulière et pierre de taille, de ce sol naturel au sol du rez-de-chaussée ; les fondations des murs du chenal ont dû être établies à $1^{m},50$ en contre-bas de la rofondeur moyenne ci-dessus indiquée, soit à $0^{m},90$ au-dessous du bassin de la Villette.

Le chenal est de la même profondeur que ce bassin; son plafond est recouvert d'une couche de béton de $0^{m},30$ d'épaisseur, autant pour éviter les infiltrations qui pouvaient avoir lieu par les petites veines de sable coupant le banc d'argile, que pour déterminer une profondeur invariable limitant les draguages à faire dans l'avenir.

Les fondations des murs au pourtour du bâtiment sont reliées avec celles des murs du chenal dans le sens de la largeur, sur quatre points différents, selon les lignes correspondant à la division des toits, et dans le sens de la longueur, selon le prolongement des murs de ce même chenal. Les massifs de béton qui forment cette liaison servent de fondation à six lignes de poteaux montants. Les fondations des poteaux montants placés à 1 mètre des murs, sont reliées avec les fondations de ces murs. Il n'y a donc de fondations isolées que celles des quarante-deux poteaux montants qui n'ont pas à supporter le poids des combles (pl. III et IV).

Le complément des fondations au-dessus du sol naturel est en maçonnerie de meulière et de pierre de taille.

Les quatre encoignures du socle, ainsi que les têtes de jonction avec les murs du chenal, sont en pierre de taille; une assise courante règne au pourtour pour former le couronnement du socle au niveau du rez-de-chaussée; les maçonneries restantes sont en meulière hourdée en mortier hydraulique.

Les massifs pour fondation des poteaux montants sont complétés par des maçonneries de meulière couronnées, à l'aplomb de ces poteaux, par des libages carrés dont la partie supérieure est au niveau du sol du rez-de-chaussée.

Les murs au pourtour s'élèvent sur ces fondations selon une section pyramidale (pl. X, fig. 2 et 3). Les encoignures sont en pierre de taille, ainsi que les corps carrés et les voussoirs de l'arcade passant au-dessus du chenal; les autres parties de ces murs sont construites en meulière hourdée en mortier hydraulique jusqu'au premier étage, et en moellon hourdé en plâtre du premier étage à la corniche.

Les murs du chenal sont construits en meulière hourdée en mortier hydraulique, avec des chaînes en pierre de taille sous les pieds-droits de l'arcade du mur en élévation, en regard du bassin de la Villette, et au point d'intersection du mur de quai de ce bassin. Ils sont couronnés aussi par une assise de $0^{m},30$ de hauteur et de $0^{m},70$ de largeur (pl. V).

Des murs de $0^m,50$ d'épaisseur, s'élevant jusqu'au premier étage, forment la clôture du chenal au rez-de-chaussée du magasin. Ils sont construits en meulière hourdée en mortier hydraulique, avec des chaînes en pierre de taille servant de base aux poteaux montants qui s'appuient sur ces murs.

Enfin, au-dessus des libages couronnant les massifs de fondation des poteaux montants, sont placés des dés en pierre de roche, sur lesquels viennent reposer ces poteaux montants.

Si l'on examine les dispositions et dimensions de toutes ces parties de la construction, on jugera facilement qu'elles sont calculées de manière à satisfaire aux conditions d'une bonne stabilité.

Charpenterie et Serrurerie.

Il a été indiqué déjà, en parlant du système particulier de construction, qu'à tous les points d'intersection des lignes de travées s'élèvent des poteaux montants en bois de chêne, reliés à chaque étage par des moises longitudinales et transversales, qui supportent les planchers et forment autant de tirants entre les murs extérieurs.

Chaque file verticale de poteaux montants présente, comme les murs, une section pour ainsi dire pyramidale, coupée à chaque étage par les chapeaux en fonte. Au rez-de-chaussée, l'équarrissage des poteaux est de $0^m,35$; il n'est que de $0^m,30$ au-dessus et diminue progressivement de $0^m,02$, d'étage en étage, pour se réduire à $0^m,20$ à l'étage supérieur (pl. VII, fig. 1 à 8).

Les poutres et les solives du plancher sont en bois de sapin.

Comme les poutres ont à supporter une charge verticale, et qu'elles agissent en outre par traction horizontalement pour former les liaisons du système général de charpenterie, les dimensions que les calculs de résistance avaient déterminées ont été un peu augmentées (pl. VII, fig. 1 à 8).

Quant aux solives des divers planchers, ce sont purement et simplement des madriers de sapin du Nord de 0^{m},24 sur 0^{m},08, tels qu'ils sont livrés au commerce ; leur espacement moyen de milieu en milieu est de 0^{m},34. La largeur des solives adossées aux poteaux montants et formant moises longitudinales a été portée à 0^{m},12.

Il est bon de faire observer que les chapeaux en fonte supportant les poutres réduisent assez sensiblement les distances entre leurs points d'appui réels, que les plates-bandes et les boulons qui relient ces poutres avec les poteaux montants font l'effet d'encastrement, que les parquets forment les liaisons des solives entre elles et avec les poutres, et qu'enfin, pour augmenter la résistance des poutres en moises, il a été établi une solidarité entre les deux pièces au moyen d'un boulon les reliant au milieu de leur portée et traversant une cale en bois d'une épaisseur égale à leur écartement.

Armature des poutres au-dessus du chenal.

On a vu que la largeur de la travée du centre du magasin, au-dessus du chenal intérieur, était de 8^{m},90. Cette largeur était trop considérable pour des poutres en moises de 0^{m},32 sur 0^{m},32 ensemble, telles qu'elles avaient été admises pour les autres travées. Ces poutres n'avaient, en effet, que la résistance voulue pour supporter le poids du plancher sans surcharge; il y avait donc nécessité de les armer de manière à résister au poids des marchandises, dont le minimum devait être de 10,840 kilogrammes, et dont le maximum pouvait être porté à 13,290 kilogrammes.

Après plusieurs études et plusieurs expériences sur des poutres en moises garnies d'armatures en bois, nous avons adopté le système dont les dispositions sont indiquées pl. VI, fig. 4 à 11.

L'armature en fer de chacune des poutres est formée de deux barres posées de champ. La pièce supérieure est courbée en arc de 0^{m},52 de flèche, bandé entre deux talons saillants placés aux extrémités de la deuxième pièce, qui forme ainsi la corde de l'arc. Ces deux pièces sont liées entre elles par huit étriers en fer et des cales chassées avec force entre l'arc et la corde, au point où les étriers les embrassant les rendent pour ainsi dire solidaires. Des manchons en fonte viennent encore emboîter leurs abouts, non-seulement pour augmenter la force des talons saillants de la corde, mais encore pour donner plus d'assiette dans la pose de l'armature.

Ces armatures sont placées entre les poutres formant moises et remplissent l'intervalle laissé entre celles-ci. Les manchons en fonte, adossés aux poteaux montants, portent sur la plate-forme supérieure des chapeaux en fonte, dont l'épaisseur a été augmentée pour résister à ce surcroît de pression. En outre, l'un des boulons de la plate-bande qui relie les poutres en moises avec les poteaux montants passe dans un œil ménagé à chaque extrémité de l'arc.

Les poutres sont supportées par quatre patins faisant partie de l'armature; elles sont reliées en outre en quatre points, par des boulons qui maintiennent leur écartement, et les serrent fortement contre l'armature, au renversement de laquelle elles forment ainsi un puissant obstacle. Les solives viennent encore concourir au même but, en s'adossant aux armatures.

On aurait pu adopter le même système d'armatures pour les poutres de la travée centrale du premier étage; mais il fallait se ménager la possibilité de donner plus de force aux armatures des étages supérieurs, pour le cas où l'on voudrait plus tard augmenter la charge en marchandises des planchers correspondants, et il a été adopté pour ces poutres un autre système de consolidation.

Les poutres de la travée centrale viennent s'appuyer, au premier étage, sur les chaînes en pierre de taille établies, à cet effet, dans les murs de clôture du chenal au rez-de-chaussée. Les armatures de ces poutres sont composées d'un arc de 4^{m},20 de rayon formé par trois pièces de bois reliées ensemble aux joints par des plates-bandes en fer et passant entre les moises.

Cet arc vient s'appuyer, de chaque côté, sur un socle en pierre de taille, formé par l'élargissement des deux premières assises des chaînes disposées selon le même rayon de courbure (pl. VI, fig. 1, 2 et 3). Deux pièces de bois moisant l'arc tangentiellement à sa naissance, s'appuient sur le socle et s'élèvent jusqu'au-dessous des poutres, auxquelles elles viennent servir d'appui. Un sabot en fonte emboîte à la fois le pied de l'arc et les moises. Chacune des moises embrasse aussi, dans sa partie supérieure, un lien servant à relier les poutres à l'arc à son point le plus faible, et enfin les poutres et les armatures sont rendues solidaires, au sommet de l'arc, au moyen d'un étrier convenablement disposé à cet effet.

Ce système de consolidation des poutres, dans la travée centrale au premier étage, présente évidemment une résistance suffisante pour qu'il soit possible, lorsqu'on le jugera convenable, d'y appuyer de légères colonnes en fonte qui, s'élevant d'étage en étage, réduiraient la largeur de la travée du centre et viendraient consolider les armatures en fer aux points les plus faibles.

Chapeaux en fonte.

Pour compléter ces détails de consolidation, il est nécessaire d'indiquer la forme et les dimensions principales des chapeaux en fonte couronnant les poteaux montants à chaque étage, et dont il n'a été parlé jusqu'ici que d'une manière générale.

Ces chapeaux (pl. VII, fig. 1 à 12) sont composés d'un corps carré creux, formant manchon pour embrasser la partie supérieure des poteaux sur une hauteur de $0^m,15$; d'une table supérieure servant de plate-forme pour supporter les poutres, et de six nervures en consoles reliant les extrémités de la table supérieure avec les angles rabattus et les faces latérales du manchon. Les dimensions de ces diverses parties des chapeaux sont telles que le bois affleure l'extérieur de la fonte.

Les dessins (pl. VII, fig. 1 à 12) indiquent les dimensions de ces chapeaux, ainsi que l'épaisseur des fontes, qui varient d'étage en étage, à l'exception de la partie de la table intermédiaire entre les poteaux, dont l'épaisseur est uniformément de 0^m,05, et dans laquelle on a ménagé une mortaise de 0^m,025 de profondeur pour le tenon du poteau supérieur.

Charpenterie des toits.

On a vu que la couverture du magasin était divisée en cinq toits dans le sens de la longueur. Chacun de ces toits a une portée de 11^m,40; il comprend trois travées longitudinales, et il est composé de cinq fermes entières.

Un entrait principal, s'appuyant sur les poteaux montants correspondants, établit la liaison des cinq toits à chaque ferme, en formant en même temps un tirant longitudinal, et un cours de moises réunit les fermes entre elles en formant aussi un tirant transversal. Ce cours de moises est indépendant d'une sablière en chêne qui règne entre les toits et tout au pourtour du bâtiment, pour l'appui des chevrons (pl. IX, fig. 1 et 2).

Chacune des fermes a la forme ordinaire, et il est inutile ainsi d'entrer dans le détail des pièces de bois qui la composent.

Tous ces toits sont terminés par des croupes sur l'une et l'autre façade du bâtiment, à l'exception du toit du milieu, qui forme fronton sur la façade principale.

La couverture est en ardoise, et des chéneaux en plomb sont disposés au pourtour du bâtiment et dans les noues des toits pour l'écoulement des eaux de pluie.

DÉTAILS DE CONSTRUCTION SOUS LE RAPPORT DE LA SALUBRITÉ.

Le chenal ménagé dans le milieu du bâtiment n'est pour ainsi dire que le prolongement du bassin de la Villette; mais les eaux y seraient restées stagnantes et elles auraient fini par nuire à la conservation des grains. Pour éviter ces chances de détérioration, on a établi un aqueduc partant de l'extrémité est du chenal et venant déboucher dans la berge du canal, immédiatement en amont du pont tournant de la Villette, de manière qu'à chaque passage de bateau il s'établit un courant dans l'aqueduc, et par suite un renouvellement souvent répété des eaux du chenal (pl. III).

La présence du chenal intérieur pouvait aussi donner de l'humidité au rez-de-chaussée du magasin; des dispositions de natures diverses ont été prises pour obvier à cet inconvénient.

D'une part, les murs de clôture du chenal au rez-de-chaussée, construits en meulière hourdée avec mortier de chaux hydraulique et sable, ont été enduits, à l'extérieur comme à l'intérieur, avec une forte couche de même mortier, rendu plus énergique par l'addition de ciment de Vassy, dans la proportion d'une partie de ciment contre trois parties de mortier hydraulique.

D'un autre côté, les planchers du rez-de-chaussée ont été isolés des murs du pourtour du magasin et des murs du chenal; on a laissé ainsi au pourtour des galeries de service, dont le sol a été bitumé.

Les parquets eux-mêmes, en frises de chêne, sont en saillie au-dessus du sol; les lambourdes qui les supportent sont placées en lignes continues dans le sens de la largeur du bâtiment; elles sont appuyées sur des massifs longitudinaux et l'intervalle entre ces massifs est garni de débris de matériaux de construction. Il existe ainsi des courants d'air au-dessous des planchers de ce rez-de-chaussée (pl. VI, fig. 1).

Des grillages en fil de fer, établis au pourtour, forment obstacle au passage des animaux rongeurs dans les vides entre les lambourdes.

L'expérience a prouvé de la manière la plus positive que toutes ces dispositions réunies avaient eu l'effet qu'on en attendait. Ainsi, depuis la construction du magasin, on n'a pas remarqué la moindre trace d'humidité, et cet état de siccité parfaite s'est maintenu aussi bien pendant les plus forts dégels qu'après les plus grandes pluies.

Aérage dans les étages supérieurs.

Des motifs de salubrité et d'exploitation ont fait donner une hauteur de 3^{m},40 sous poutre au rez-de-chaussée. On s'est borné pour les étages supérieurs à une hauteur de 2^{m},30, donnant 2^{m},60 de hauteur sous solives et 2^{m},85 entre les planchers. Cette hauteur était peut-être plus que suffisante pour un bon aérage, mais elle était indispensable pour le pelletage des blés empilés sur un mètre d'épaisseur.

Le bâtiment étant placé pour ainsi dire selon la ligne est et ouest, il n'y avait aucun inconvénient à garnir de croisées vitrées les baies des façades exposées au nord et à l'est; ce système de fermeture, qui permettait ainsi de donner du jour à chaque étage et d'y faciliter le service, a été admis sur ces façades.

L'action du soleil était à craindre, au contraire, pour les façades exposées au midi et à l'ouest, mais pour obvier à cet inconvénient les baies de ces façades ont été garnies de persiennes à lames mobiles.

Les croisées et les persiennes laissent une ouverture libre de 1^{m},14 de largeur sur une hauteur moyenne de $1^m,48$ entre les dormants (pl. VIII, fig. 1 à 4). Elles s'ouvrent en pivotant au milieu de leur hauteur, au moyen d'une poignée articulée, fixée à la partie inférieure des châssis et formant crémaillère pour obtenir divers degrés d'ouverture. Ce système de ferrures permet d'ouvrir ou de fermer avec la plus grande promptitude toutes les croisées et persiennes : condition nécessaire à remplir dans un magasin de cette importance, où le nombre des baies étant considérable, il n'y a pas un moment à perdre pour cette manœuvre en temps d'orage. Ce système de ferrures a été admis aussi, du reste, avec l'intention d'adapter plus tard à chaque étage un mécanisme qui aurait pour effet de fermer toutes les croisées et les persiennes à la fois, comme on l'a fait dans un magasin ayant la même spécialité à Londres.

Il est bon de faire observer encore qu'avec ce système, les eaux de pluie poussées par le vent ne peuvent pas pénétrer dans le magasin et que l'air arrivant par la partie supérieure des baies, il s'établit au-dessus des couches de grains un courant favorable à leur conservation, surtout pendant l'opération du pelletage.

Les persiennes sont à lames mobiles; ces lames sont fixées à une pièce de bois à poignée, qui permet de les faire mouvoir toutes à la fois, de manière à établir un courant d'air sans être gêné par le soleil, en leur donnant une position horizontale. On obtient, au contraire, une fermeture complète en donnant aux lames une position verticale.

Au moyen de ces dispositions et des manœuvres combinées des croisées et des persiennes, on arrive à un aérage tel que, dans les plus grandes chaleurs, le thermomètre n'est jamais monté à plus de 15 degrés centigrades, température à laquelle les charançons ne peuvent pas éclore.

Quatre paratonnerres enfin ont été disposés pour que la totalité du bâtiment principal puisse être garantie par eux.

Effets produits pendant la construction.

Il était facile de prévoir que les murs formant l'enveloppe du bâtiment, construits partie en meulière hourdée en mortier hydraulique et partie en moellon hourdé en plâtre, éprouveraient un certain tassement et qu'il n'en serait pas ainsi des poteaux montants. Pour obvier aux effets de cette différence du tassement, il avait été laissé un vide au-dessus des poutres et des solives principales, dont les extrémités étaient engagées dans les murs.

Ces prévisions se sont réalisées, le tassement des murs a été de $0^m,08$ à $0^m,09$ sur la hauteur totale.

Il y a dans la partie supérieure des murs, entre le dessous des entraits et les cales en bois sur lesquelles ils reposaient au moment de la construction, un vide de $0^m,05$ à $0^m,06$ et les abouts des entraits ont pris une flexion de $0^m,03$ à $0^m,04$, ce qui correspond au tassement total indiqué ci-dessus.

Ce tassement n'existe que sur la hauteur de $21^m,20$ du sol du rez-de-chaussée au-dessus de la corniche; la retraite formant à l'extérieur le niveau du sol de ce rez-de-chaussée, le couronnement des murs du chenal intérieur et le dessus des libages sur lesquels s'appuient les dés des poteaux montants ont conservé leur niveau primitif, ce qui prouve qu'il n'y a pas eu de tassement dans les fondations.

On devait supposer que la charpenterie de ce bâtiment serait garantie contre tout mouvement par sa large assise et par la solidarité établie entre toutes ses parties au moyen des poutres et des solives moisées, mais il fallait que la limite des charges admise dans les calculs de résistance ne fût pas dépassée; il n'en fut pas ainsi, et par suite de diverses circonstances les planchers furent chargés considérablement à tous les étages du côté ouest, tandis que la partie est restait vide, et il est résulté de cette inégale répartition de la charge un mouvement général d'inclinaison des charpentes de l'est à l'ouest.

Ce mouvement, ayant lieu dans un sens perpendiculaire aux poutres et parallèle aux solives, tendait à transporter les unes latéralement et les autres longitudinalement. Les poutres, ancrées dans les murs de face parallèles au sens du mouvement, y trouvèrent des points d'appui invariables et n'éprouvèrent qu'une certaine flexion.

Les solives moisées, fixées dans les murs perpendiculaires au sens du mouvement, durent, avant la translation, vaincre la résistance opposée par ces murs au renversement; cette résistance étant très-faible vers le milieu des murs et étant au contraire très-grande aux angles, il est arrivé que les dérangements des poteaux, insensibles pour les rangs longitudinaux extrêmes, augmentèrent vers l'axe du bâtiment et que le mur est fut entraîné dans le mouvement général, en perdant son aplomb et prenant dans son milieu, notamment à la partie supérieure, un cintre de près de dix centimètres.

Pour arrêter ce mouvement et ramener autant que possible les poteaux et les murs dans leur position normale, on a établi sur les poutres de chacun des quatre planchers intermédiaires, une armature en fer (pl. XI, fig. 1) composée d'une chaîne, affectant à peu près en plan la forme d'une parabole et formée de barres de fer méplat, avec sept tirants en fer rond se rattachant à cette chaîne. Les barres de fer rondes ou plates sont réunies entre elles par des assemblages à moufles. Les deux extrémités de la chaîne sont fixées aux angles est des murs au moyen de boucliers en fonte placés extérieurement (pl. XI, fig. 2). Un étrier à double plate-bande fixe la chaîne aux poutres et aux tirants longitudinaux, comme l'indique la figure n° 4 de la planche XI. Les tirants se dirigent parallèlement aux solives vers le mur de face ouest, sur lequel ils sont fixés avec des boucliers en fonte (pl. XI, fig. 2).

Lorsque les armatures ont été posées, on a resserré les assemblages des différentes parties des chaînes, les unes après les autres, en commençant par l'étage supérieur, et les charpenteries comme les murs ont été ramenés insensiblement, à peu de chose près, dans leurs positions primitives. Depuis cette époque, ces effets ne se sont pas renouvelés, et la stabilité de l'édifice ne paraît pas avoir été aucunement compromise.

Pour resserrer les assemblages à mouffles des chaînes, on a employé un appareil représenté par les figures 5 et 6 de la planche XI.

DÉTAILS DE CONSTRUCTION RELATIFS A L'EXPLOITATION.

Le sol du rez-de-chaussée du bâtiment a été établi à $1^{m},50$ au-dessus des murs du bassin, et à $1^{m},20$ au-dessus de la chaussée de la rue latérale. Cette hauteur a été ainsi fixée pour que les voitures, opérant des chargements dans la cour du magasin, aient leur plancher de niveau avec le sol du rez-de-chaussée, et qu'en s'adossant aux baies de service, leur chargement ou leur déchargement puisse s'opérer avec la plus grande facilité.

Cette surélévation du sol du rez-de-chaussée, favorable pour le mouvement des marchandises par voitures, était nécessaire pour la facilité du mouvement des marchandises par bateaux, car l'eau se maintient en contre-bas à un niveau tel que le bordage des bateaux se trouve en moyenne à la hauteur même du rez-de-chaussée. Cette surélévation était indispensable, du reste, pour obtenir au-dessous des poutres du premier étage une hauteur telle que les plus grands bateaux naviguant sur la Seine pussent entrer dans l'intérieur même du magasin.

Machine à vapeur, Tire-sacs, Baies de service, etc.

Il a été indiqué déjà qu'une machine à vapeur avait été établie dans une chambre disposée à cet effet, entre l'extrémité amont du chenal intérieur et le mur de face à l'est. Cette machine à vapeur de la force de dix chevaux donne le mouvement à un arbre vertical, qui s'élève du rez-de-chaussée jusqu'au-dessous du plancher du sixième étage, et s'y trouve en communication avec un arbre horizontal s'étendant dans toute la longueur du magasin.

Des engrenages coniques adaptés à cet arbre horizontal transmettent le mouvement à cinq tire-sacs placés au dernier étage, au-dessus de cet arbre de couche et au centre de chacune des cinq travées de toiture (pl. IX, fig. 1 et 2).

Ces tire-sacs, garnis de leurs tendeurs comme dans les moulins ordinaires, sont à double effet, c'est-à-dire qu'ils sont disposés aussi bien pour les mouvements des marchandises de la voie d'eau que pour ceux de la voie de terre.

Pour les marchandises de la voie d'eau, des trappes ont été ménagées à chaque étage dans les planchers au droit de chacun des tire-sacs, au milieu de la travée longitudinale correspondant au chenal; les cordages des tire-sacs et les cordes des tendeurs viennent passer, les premiers au milieu de ces trappes et les autres à côté.

Au moyen de ces dispositions, on effectue le déchargement d'un bateau en opérant sur quatre points à la fois. Un homme, placé à chacune des trappes à l'étage où l'on doit emmagasiner les marchandises, suffit pour diriger avec les tendeurs les mouvements des tire-sacs.

Des ouvriers placés dans le bateau font le mesurage des grains et les mettent en sacs; d'autres ouvriers reçoivent les sacs dans les étages supérieurs, les pèsent et les vident, de sorte que le déchargement, le mesurage, le pesage et la mise en couche ont lieu presque simultanément.

Pour les provenances de la voie de terre, il a été adopté des dispositions analogues. Ainsi quatre grandes baies d'une largeur libre de 1m,50, placées au droit des tire-sacs, s'élèvent sur la façade de la cour de service depuis le sol du rez-de-chaussée jusqu'au dernier étage. Les cordages des tire-sacs viennent passer à l'extérieur dans l'axe de ces baies, et les cordes des tendeurs sont aussi reportées à leur proximité à l'intérieur. On peut donc effectuer des déchargements ou des chargements de marchandises sur voitures par quatre points à la fois à l'un quelconque des étages, et un homme placé près de la baie de service, à l'étage où doit se faire le mouvement, suffit encore pour la manœuvre.

Il était à craindre que ces grandes baies droites, et dont les côtés sont revêtus de pièces de bois verticales, ne vinssent couper d'une manière nuisible les murs d'enveloppe du magasin. Pour prévenir toute chance d'accident, il a été placé à chaque étage des linteaux qui sont engagés de 0m,40 à 0m,50 dans l'intérieur des murs, et qui sont reliés à la maçonnerie au moyen de tirants en queue de carpe de fortes dimensions (pl. VIII, fig. 5, 6 et 7).

Dans le bâtiment principal trois escaliers, placés aux encoignures nord-est, sud-est et sud-ouest, facilitent le service intérieur.

Machine d'épuration, système Maupeou.

Pour compléter enfin les dispositions nécessaires à un magasin de cette importance, il a été établi dans l'encoignure nord-est, à l'intérieur, une machine d'épuration, système Maupeou.

Cette machine sert principalement à laver les grains, à les sécher promptement sous une température assez élevée et à les refroidir presque immédiatement. Les grains passent à cet effet dans des tonneaux lavoirs placés au premier étage du bâtiment; ils y sont lavés à plusieurs eaux en leur imprimant un mouvement rapide au moyen de palettes fixes et mobiles et ils descendent en s'égouttant au rez-de-chaussée, après avoir été purgés de toutes les matières légères qu'ils contenaient.

Ils sont repris au rez-de-chaussée par des chaînes à godets qui les élèvent dans les étages supérieurs pour y être reçus dans une série de cylindres blutoirs superposés, placés dans une cheminée à air chaud et mis en communication entre eux, de sorte que les grains passent successivement de l'un dans l'autre, jusqu'à ce qu'ils soient descendus de nouveau au rez-de-chaussée. On les reprend encore pour les remonter dans les étages supérieurs et les faire passer dans une cheminée à air froid dans les mêmes conditions que dans la cheminée à air chaud, et on les reçoit enfin dans des sacs pour les répartir dans le magasin.

Vingt minutes suffisent pour toute cette opération, à laquelle contribue la machine à vapeur, en imprimant le mouvement aux divers organes de l'appareil.

On peut recevoir ainsi dans le magasin des blés et d'autres grains avariés ou mouillés, et en les soumettant à la machine d'épuration, non-seulement on les rétablit dans leur situation normale, mais on les remet encore dans un bon état de conservation : le lavage et le séchage, produits par une ventilation rapide et successive d'air chaud et d'air froid, faisant disparaître les germes des maladies qui peuvent attaquer les grains.

Pont roulant.

L'autorité supérieure ayant fait réserver un chemin de halage le long du mur d'enceinte du bâtiment, il a été nécessaire de construire un pont en tête du chenal intérieur de manière à établir, au besoin, les communications pour le service du halage.

La différence de niveau existant entre la surface de l'eau du chenal et le sol du chemin de halage ne permettait pas l'établissement d'un pont fixe ; on a adopté le système de pont roulant, représenté par la planche XIV, fig. 1 à 8.

Le pont est divisé en deux parties symétriques par rapport à l'axe du chenal et indépendantes l'une de l'autre ; chacune d'elles est mobile dans un sens perpendiculaire à l'axe du chenal, et peut à volonté s'avancer au-dessus de l'eau et offrir un passage pour le halage, ou être amenée entièrement sur la rive pour laisser passer les bateaux qui entrent dans le bâtiment ou qui en sortent.

Chaque moitié du pont se compose de trois poutres en fonte de $7^{m},325$ de largeur, dont $4^{m},125$ pour les parties formant les volées qui s'avancent en porte à faux et $3^{m},20$ pour les parties formant la culée qui reposent sur la rive.

Les poutres sont évidées sur une grande partie de leur surface, afin d'en diminuer le poids autant que possible, et de donner plus de légèreté à la partie visible.

Dans la culée chaque poutre porte, à la partie inférieure, trois paliers venus de fonte ; dans la volée les poutres de rive portent, à la partie supérieure, dans le prolongement de leur face extérieure, un rebord vertical, et, à la base de ce rebord, une nervure horizontale renforcée par de petites consoles ; le rebord et la nervure qui sont prolongés dans la culée sur une longueur de $0^{m},50$, sont destinés à maintenir et supporter le tablier du pont (pl. XIV, fig. 4).

Les poutres sont réunies à l'extrémité libre de la culée par une seule plaque (fig. 6) sur laquelle elles sont fixées au moyen d'oreilles et de boulons ; ces oreilles existent sur chaque face de la poutre intermédiaire et sur la face intérieure seulement des poutres de rive. Des oreilles doubles sont disposées à la jonction de la culée et de la volée de manière à former une rainure, dans laquelle vient se loger une plaque en fonte, allant d'une poutre de rive à la poutre intermédiaire.

Chacune de ces deux plaques représente, sauf les dimensions en longueur, la moitié de la plaque de tête de la culée. Deux cours de croix de Saint-André en fer, disposées parallèlement aux plaques, achèvent de rendre les poutres solidaires dans la culée.

A l'extrémité libre de la volée, les poutres sont réunies par deux petites plaques (fig. 7) portant des saillies et des cavités disposées de telle sorte que les deux volées étant mises bout à bout, les saillies pénètrent dans les cavités, pour prévenir ainsi toutes oscillations verticales ou horizontales.

Les paliers de la culée reçoivent des coussinets en cuivre, dans lesquels tournent les fusées de trois essieux en fer. Chaque essieu porte quatre galets roulant sur des rails. Les galets extrêmes, dont les jantes sont évidées en gorge de poulie pour embrasser les rails, sont placés à l'intérieur contre les poutres de rive; les deux autres galets sont placés de chaque côté de la poutre intermédiaire, leur jante est unie et ils roulent sur des rails plats (fig. 8).

Le tablier, formé de madriers posés en travers, repose sur les nervures horizontales des poutres.

Les garde-corps sont mobiles autour de leur base, pour pouvoir se rabattre sur le tablier. Chaque garde-corps est divisé en quatre parties sur la longueur totale du pont, pour en rendre la manœuvre plus facile.

La culée est établie dans une fosse de dimensions convenables pour pouvoir loger une moitié du pont; cette fosse est recouverte d'un tablier composé de madriers dont la face supérieure est au niveau du chemin de halage.

Les rails sur lesquels roulent les galets sont posés dans cette fosse sur des longrines reposant elles-mêmes sur des traverses.

Le tablier du pont est à $0^{m},11$ en contre-bas du tablier qui recouvre la fosse; il existe donc entre la face inférieure de ce dernier et la face supérieure du premier le vide nécessaire pour loger les garde-corps rabattus, de sorte qu'une moitié du pont peut passer sous le plancher de la fosse.

La manœuvre se fait au moyen d'un mécanisme (fig. 4 et 5) placé entre la fosse et le mur d'enceinte du magasin, à l'angle formé par le chenal et la fosse.

Les poids des culées et des volées ont été calculés de manière à empêcher tout mouvement de bascule, dans les cas les plus défavorables à l'équilibre d'une moitié du pont.

MAGASIN N° 2

Etabli sur le terre-plein, rive droite du bassin de la Villette.

Dispositions principales.

Dans le magasin n° 2 on a supprimé le chenal, la travée correspondante et les constructions extérieures et intérieures destinées à loger les machines à vapeur avec leurs chaudières, ainsi que l'épurateur Meaupou; quant aux autres dispositions du magasin et de ses dépendances, elles sont les mêmes que celles du magasin n° 1.

Plusieurs motifs ont déterminé la suppression du chenal intérieur dans le magasin n° 2.

Et d'abord, l'expérience avait fait reconnaître que le chenal du magasin n° 1 pourrait suffire pour les déchargements à couvert, et qu'il y aurait toute possibilité, après le déchargement des bateaux dans le magasin n° 1, de transporter les marchandises dans le magasin n° 2, soit au moyen des tire-sacs disposés à cet effet, soit au moyen d'une passerelle jetée entre les deux magasins.

On savait du reste que, dans le cas où ce mode d'opérer présenterait des inconvénients, on aurait la possibilité de supprimer le chemin de halage ménagé sur la rive droite, de reculer le mur de quai du chenal du pont tournant jusqu'aux fondations du magasin n° 2, et de permettre ainsi aux bateaux de stationner le long de ce magasin pour y opérer leur chargement et leur déchargement.

4

Il résultait de cette disposition une augmentation de surface assez considérable dans le rez-de-chaussée et une économie notable dans les dépenses de construction.

La travée centrale correspondant au chenal a été remplacée dans le magasin n° 2 par trois travées, dont une de 3 mètres et les deux autres de chacune 2^{m},966 de largeur; la longueur des travées étant toujours restée de 3^{m},80 d'axe en axe (pl. X, fig. 1).

DÉTAILS DE CONSTRUCTION.

Sous le rapport des détails de construction, les deux magasins peuvent être considérés comme entièrement semblables; il n'y a de différence que dans les armatures pour les contre-ventements des planchers.

Des indications ont été données déjà sur les mouvements qui s'étaient manifestés dans le magasin n° 1, par suite d'une inégale répartition des charges dans les différentes parties d'un semblable édifice, et sur les dispositions qui avaient été prises pour y remédier. Il fallait prévenir de semblables mouvements dans le magasin n° 2, et il a été établi à cet effet à chaque plancher une armature en fer reliant la masse des charpentes aux quatre angles des murs, c'est-à-dire aux parties les plus solides de toute la construction (pl. XI, fig. 1).

Cette armature est établie avec des barres de fer de 0^{m},055 sur 0^{m},012 de longueurs diverses, réunies entre elles par des assemblages à mouffles; elle est formée d'un rectangle central embrassant quatre poteaux dans les deux sens, et dont les axes sont placés sur ceux du magasin, puis de quatre chaînes réunissant les angles du rectangle aux angles correspondants des murs, dans lesquels elles sont ancrées au moyen d'une forte barre de fer verticale.

Il résulte de cette disposition que, quel que soit le sens dans lequel les charpentes tendent à s'incliner, il ne peut se produire aucun mouvement par suite de l'appui que le rectangle central offre aux poteaux qu'il embrasse.

D'un autre côté, la disposition des chaînes, par rapport aux murs, est telle, qu'un effort exercé sur l'une d'elles, du dehors au dedans du bâtiment, se décompose en deux forces dirigées suivant les murs correspondant à l'angle d'amarrage, dans le sens de leur plus grande stabilité.

Ces armatures, dont les détails sont indiqués pl. XI, ont été placées sous les solives des planchers; il n'y a eu jusqu'à présent aucun mouvement dans les charpentes du bâtiment.

Appareils d'exploitation.

Le mouvement journalier du magasin n° 1, qu'on peut évaluer moyennement à 800 sacs par jour, s'effectue assez généralement de neuf heures à dix heures du matin et de quatre heures à cinq heures du soir; pendant les autres heures de la journée, la machine à vapeur est en repos ou elle marche presque à vide.

Il résultait de cette disposition des pertes de force et en conséquence des dépenses improductives.

On avait toujours pensé qu'on pourrait améliorer cette situation en employant la vapeur disponible de la machine du magasin n° 1, pendant le temps d'arrêt ou de marche à vide, à une accumulation de puissance motrice qui serait facilement utilisée dans le magasin n° 2, aussitôt qu'il serait construit.

On a établi, en effet, dans ce magasin deux machines à colonne d'eau pouvant être mises en mouvement au moyen de l'eau emmagasinée dans trois réservoirs placés sous les combles (pl. XII, fig. 1

et 2), et l'eau est élevée dans ces réservoirs par une petite machine alimentée par l'excès de vapeur des chaudières du magasin n° 1.

Cette machine, de la force de deux chevaux seulement, fait mouvoir des pompes qui, marchant à la vitesse normale de 30 coups par minute, peuvent remplir les réservoirs en 1h30', et ces pompes fonctionnent au maximum cinq à six heures par jour.

Si l'on avait dû faire marcher les deux machines à colonne d'eau au moyen d'arbres de couche et d'organes ordinaires de transmission de mouvement, il eût fallu établir une machine à vapeur et des chaudières calculées pour un travail de 10 chevaux, dont 6ch,36 de travail utile et 3ch,64 pour les frottements de toute nature. Cette indication suffit pour faire apprécier toute l'économie des dispositions ci-dessus.

Chaque machine ou treuil à colonne d'eau est à double effet, c'est-à-dire qu'elle fait mouvoir deux câbles à mouvement inverse et alternatif, disposition assez souvent employée pour les tire-sacs ordinaires et imposée, dans l'espèce, par la nécessité d'éviter toute marche à vide, produisant une consommation d'eau en pure perte. Il fallait enfin que les pistons fonctionnassent toujours dans l'eau pour arriver à ne dépenser rigoureusement, les cylindres une fois remplis, que le volume décrit par ces pistons. On a établi à cet effet, dans une fosse au rez-de-chaussée, deux cylindres verticaux (pl. XIII, fig. 1 et 2), ouverts par le bas et fixés par leurs bords supérieurs à une plaque générale de fondation. Les tiges des deux pistons sont reliées par une chaîne de galle conduisant un pignon et lui imprimant un mouvement circulaire, dont l'étendue est égale à la course des pistons. Ce mouvement est transmis au tambour au moyen d'une roue à dents de bois et d'un pignon, dont les dimensions sont telles, qu'un point de la circonférence du tambour décrit un chemin égal à la hauteur du bâtiment pendant une course des pistons.

Toute la manœuvre consiste à admettre l'eau motrice alternativement sur chaque piston pendant une portion de la course correspondante à celle que doit parcourir le fardeau; à la descente, il suffit, pour ralentir ou arrêter le mouvement, de faire obstacle à l'écoulement de l'eau contenue dans les cylindres, en étranglant ou en fermant les orifices de retour d'eau.

L'appareil de distribution est double; il se compose (pl. XIII, fig. 3 et 4), pour chaque cylindre moteur, d'un cylindre plus petit, dont le bord supérieur est fixé à la plaque de fondation, et qui est mis en communication avec le premier au moyen d'une tubulure unique qui sert à l'admission et à l'émission du fluide; cette tubulure est placée à l'extrémité de la course ascendante du piston. Le cylindre de distribution plonge, comme le cylindre moteur, dans l'eau de la cuve; il est surmonté par un boisseau de distribution en bronze portant une gorge pour l'admission; son extrémité est alaisée sur une certaine longueur et il est percé latéralement de plusieurs lumières pour le retour de l'eau.

Deux pistons pleins en bronze, dont l'un se meut dans le boisseau et l'autre dans la partie alaisée du cylindre de distribution, sont reliés par une tringle en fer qui maintient entre eux une distance égale à celle de la gorge d'admission aux lumières d'émission.

Au point le plus bas de la course du système, les lumières de retour d'eau sont seules ouvertes, et l'eau contenue dans le cylindre peut en être expulsée sans résistance sensible. Si l'on amène les pistons au milieu de leur course, ces lumières sont progressivement recouvertes, sans que la gorge d'admission soit encore dégagée; l'eau est donc emprisonnée dans le cylindre, ou ne s'en échappe que par des orifices étroits, et l'on obtient ainsi, à la descente des fardeaux, les effets du frein ordinaire. Enfin, pendant que les pistons achèvent leur course ascendante, l'eau motrice est admise dans le cylindre par un orifice d'ouverture croissante, et qu'on peut modérer suivant le degré de vitesse qu'on désire imprimer au fardeau, et en raison de son poids.

Ces mouvements si simples de la distribution s'opèrent au moyen d'un levier, à l'extrémité duquel est fixé un cordeau passant près des baies de service, à portée de la main des ouvriers; de cette façon la manœuvre de ces appareils est identique à celle des monte-sacs ordinaires, mus au moyen de courroies et de tendeurs.

Les deux pistons qui composent la partie mobile de la distribution ayant le même diamètre, les pressions de l'eau s'y font équilibre; le poids du système est équilibré au moyen d'un levier et d'un contre-poids qu'on règle de manière à laisser aux pistons un léger excès de poids qui assure leur descente.

Dans un appareil de ce genre, les fuites pouvaient acquérir une importance relative considérable, en raison des longs chômages. On a paré à cet inconvénient par une disposition particulière du piston d'admission. Ce piston repose sur un siége conique avec lequel il a été rodé, et il est garni en chanvre à sa partie supérieure au-dessus de la gorge d'admission.

On a cru devoir, pour éviter les chocs résultant d'une brusque fermeture des lumières, interposer une cloche d'air entre le tuyau d'arrivée d'air et les cylindres de distribution.

Le tambour étant au rez-de-chaussée, des contre-poids paraissaient nécessaires à l'extrémité des câbles pour assurer leur descente à vide; mais on a évité ces contre-poids, qui eussent présenté quelques dangers, au moyen de la disposition suivante : les câbles, après s'être élevés verticalement dans le comble, s'enroulent plusieurs fois et en sens inverse sur une même poulie à large jante, à la circonférence de laquelle ils sont fixés; ils s'y font ainsi équilibre, et les parties extérieures de ces câbles n'ont pas besoin de poids additionnel.

Les transbordements des marchandises d'un magasin à l'autre peuvent se faire au moyen d'un va-et-vient disposé au-dessus du chenal du pont tournant. Pour rendre possible le mouvement des sacs, on a converti en baies de service, à chaque étage des deux magasins, les fenêtres centrales des façades sur le chenal, en abaissant leurs appuis au niveau des planchers.

Passerelle entre les deux magasins.

Pour faciliter le mouvement et le passage des employés et ouvriers d'un magasin dans l'autre, on a établi entre les deux bâtiments une passerelle à la hauteur du plancher central, c'est-à-dire du plancher du troisième étage, et dans la cinquième travée longitudinale à l'est.

Cette passerelle a 26 mètres de portée, elle offre un passage libre de 1^{m},50 (pl. XIV, fig. 1 à 6); elle se compose de deux fermes Polonceau, dont la flèche est de 1^{m},60. Les arbalétriers sont formés de fer double T de 0^{m},22 de hauteur; ils sont engagés à leur extrémité dans des sabots en fonte encastrés dans des pierres de taille (fig. 3); les tirants sont en fer rond de 0^{m},045 de diamètre, les sous-tendeurs en fer rond de 0,^{m}027 de diamètre. Les deux fermes sont reliées par des barres de fer carré placées en dessus et en dessous des arbalétriers (fig. 6), de manière à former des moises qui sont réunies extérieurement aux arbalétriers par les chandeliers des garde-corps.

Le plancher repose sur les pièces supérieures des moises qui servent ainsi de pièces de pont; il est formé de madriers de sapin posés en long et laissant entre eux un certain intervalle pour l'écoulement des eaux pluviales.

Le contre-ventement est formé avec des bandes de fer disposées en six croix de Saint-André sur la longueur de la passerelle, et fixées à leurs abouts sur les pièces de ponts au moyen de boulons; il est complété par quatre tirants en fer rond, posés en écharpe des extrémités de la septième pièce de pont de chaque moitié de la passerelle, aux murs des bâtiments dans lesquels ils sont ancrés.

Il est inutile de faire observer que les baies des fenêtres, qui donnent accès à la passerelle, ont leur appui au niveau des planchers.

MAGASIN N° 3

Etabli à l'extrémité ouest du bassin de la Villette.

Dispositions générales.

D'après les projets approuvés dès l'origine, il avait été ménagé de chaque côté du bassin de la Villette des quais de 23 mètres de largeur et des rues latérales de 12 mètres. Les quais devaient être divisés en deux zones: l'une, de 8 mètres, contre le bassin, destinée principalement aux déchargements et chargements des marchandises et au mouvement des camions; l'autre, de 15 mètres, destinée à former des établissements pour entreposer des marchandises.

Dans le sens longitudinal, ces établissements devaient former, en outre des deux magasins situés de chaque côté du chenal du pont tournant, douze masses : six masses sur chaque rive, séparées chacune par des intervalles libres de 20 mètres, destinées à isoler les magasins les uns des autres, pour diminuer les chances d'incendie, et à faciliter l'accès direct au bassin des camions, qui devaient enlever ou apporter des marchandises déchargées des bateaux ou à y recharger, sans passer dans les magasins d'entrepôt.

Ce vaste projet n'a reçu jusqu'ici qu'un commencement d'exécution, et il n'a même été fait, à vrai dire, comme spécimen, qu'une portion de la première masse, à l'extrémité ouest du bassin sur le quai de la

Seine (pl. XV); c'est cette portion de magasin qui est désignée sous le titre de Magasin n° 3.

Cette portion de magasin est composée de six travées transversales de 4 mètres, et n'a en conséquence qu'une longueur de 24 mètres.

Pour profiter de tout l'emplacement disponible, on a étendu le bâtiment jusqu'à 1 mètre du mur de quai du bassin, de sorte que sa largeur a été ainsi portée à 22 mètres.

Ce bâtiment n'est élevé que de trois étages au-dessus du rez-de-chaussée, et il y a des caves en sous-sol.

Les caves, le rez-de-chaussée et le premier étage n'occupent toutefois que la largeur voulue de 15 mètres sur la rue, et il reste ainsi au rez-de-chaussée pour le mouvement des camions contre le bassin une largeur libre de 7 mètres, en outre du marchepied de 1 mètre en dehors du premier poteau.

La largeur de 15 mètres occupée par les caves, le rez-de-chaussée et le premier étage, est divisée en quatre travées longitudinales de 3m,65 d'axe en axe.

La couverture de cette portion de bâtiment est formée de deux toits longitudinaux; l'un recouvrant les quatre travées sur la rue, et l'autre la travée de 7 mètres sur le bassin.

Les caves ne sont pas voûtées, leur sol est, comme le plafond du bassin, à 2m,70 en contre-bas du couronnement du mur du quai, au niveau duquel se trouve le plancher du rez-de-chaussée. Les distances verticales entre les planchers sont de 3m,30, entre le plancher du rez-de-chaussée et celui du premier étage, et de 3m,05 entre les planchers des étages supérieurs.

Le sol du rez-de-chaussée est à 1 mètre en moyenne en contre-haut de la rue latérale.

DÉTAILS DE CONSTRUCTION.

Maçonneries.

Les fondations des murs au pourtour des caves sont descendues à $0^m,50$ au-dessous du sol des caves; elles sont formées par une couche de béton de $1^m,35$ de largeur, sur laquelle s'élèvent des murs en meulière et en mortier hydraulique, couronnés au niveau du rez-de-chaussée par une assise en pierres de taille.

Au point d'intersection des lignes passant par les axes des travées longitudinales et transversales, dans l'intérieur des caves, il a été établi, à la même profondeur que les fondations des murs, des massifs de béton servant de base à des piliers en pierres de taille qui supportent directement les poteaux et les poutres du rez-de-chaussée.

Les poteaux de la rangée longitudinale extrême sur le bassin ont pour fondations des massifs de béton de $1^m,40$ de longueur au niveau des fondations des murs des quais, et des massifs de maçonnerie de meulière accolés à ces murs et couronnés par des libages, sur lesquels reposent des dés de $0^m,50$ de hauteur.

Les poteaux séparant la galerie du rez-de-chaussée reposent sur des dés de même dimension établis sur le couronnement des murs des caves.

Le sol des caves est formé d'un radier général en béton, de $0^m,25$ d'épaisseur, recouvert d'une couche de terre salpêtrée de $0^m,05$.

Les murs en élévation, d'une section pyramidale, sont construits en moellons et plâtre. Les chaînes d'angle et la corniche sont en pierres de taille; des demi-poteaux ont été adossés à ces murs, de telle sorte qu'ils n'aient pas à supporter le poids des planchers et qu'ils ne forment ainsi qu'une espèce d'enveloppe.

La façade transversale est en forme de pignon ; elle est percée dans son milieu, et du haut en bas, d'une ouverture figurant deux baies de service accolées et couronnées par une arcade.

De chaque côté de cette ouverture, et à chaque étage, il y a une fenêtre, dont les dispositions et dimensions sont semblables à celles des fenêtres des magasins n°s 1 et 2.

Il en est de même des baies de service et des fenêtres des façades longitudinales.

Charpenterie.

Les dispositions des charpenteries et les dimensions des diverses pièces sont à peu près les mêmes que celles des charpentes des troisième, quatrième, cinquième et sixième étages des magasins n°s 1 et 2.

Les poutres des deuxième et troisième planchers sont renforcées, au-dessus de la travée longitudinale de 7 mètres, par des armatures semblables à celles des poutres de la travée au-dessus du chenal du magasin n° 1.

Sous la travée longitudinale de 7 mètres de largeur et contre le mur des caves, se trouve l'aqueduc qui amène à Paris les eaux du canal de l'Ourcq ; pour le magasin n° 3, et pour les autres masses de magasins sur le quai de la Seine, il n'était donc pas possible de prolonger les caves jusqu'au mur du bassin.

Il n'en serait pas ainsi pour les masses de magasins à établir sur le quai de la Loire ; on pourrait profiter de toute la largeur de 22 mètres pour l'établissement des sous-sols.

DOCKS-ENTREPOT

DU BASSIN DU PONT DE FLANDRE.

MAGASIN N° 1

Construit sur la rive sud du bassin du pont de Flandre.

Dispositions générales.

Le magasin est construit sur la rive droite du bassin du pont de Flandre, à peu près dans l'axe longitudinal, de manière à permettre d'élever sur la même rive, de chaque côté et à 15 mètres de distance, un bâtiment semblable (pl. XVI). Ce magasin, de 57^{m},90 de longueur et de 36^{m},40 de largeur hors œuvre, occupe une superficie de 2,107^{m},56 qui diffère peu de celle des magasins du pont tournant.

Les dispositions générales ne sont pas semblables à celles de ces magasins; mais elles se rapprochent assez de celles du magasin n° 3 du bassin de la Villette.

Le bâtiment est élevé sur caves, et il comprend six étages au-dessus du rez-de-chaussée (pl. XVII, XVIII et XIX).

On a adossé ici le mur des caves au mur de quai, de manière à ne laisser entre le magasin et le bassin qu'un passage de 1 mètre de largeur, qui peut servir au halage sans mettre obstacle aux communications directes entre les bateaux et le magasin.

Dans le sens de sa longueur, le bâtiment est divisé en quatorze travées de 4 mètres, et dans l'autre sens en huit travées de $4^{m},30$; ces travées sont séparées les unes des autres par des rangs de poteaux montant d'étage en étage, comme pour les magasins du pont tournant, avec cette différence toutefois que les poteaux extrêmes sont adossés aux murs.

Le premier étage ne s'étend pas dans toute la largeur du bâtiment, il ne comprend que six travées longitudinales, et il laisse ainsi deux travées libres pour former une galerie de $8^{m},75$ de largeur attenant au mur de quai du bassin.

Le sol du rez-de-chaussée est à $4^{m},25$ en contre-haut du sol des caves et à $1^{m},20$ en contre-haut du couronnement du mur de quai. Les distances verticales entre les planchers sont les mêmes que dans les magasins du pont tournant.

Le nombre des travées ne permettait pas une disposition de couverture analogue à celle de ces magasins; on a établi deux toits dans le sens de la largeur, chacun d'eux recouvrant ainsi quatre travées longitudinales.

Un petit bâtiment, adossé à la façade nord-ouest, renferme une machine à vapeur et sa chaudière.

DÉTAILS DE CONSTRUCTION.

Maçonneries.

Les fondations des murs, descendues à $0^{m},90$ au-dessous du sol des caves (pl. XVII, fig. 1 et 2), se composent d'une couche de béton de même hauteur, avec des largeurs diverses pour donner les empattements intérieurs nécessaires à l'aplomb des poteaux adossés aux murs et aux angles du bâtiment.

Les murs de fondations s'élèvent sur cette couche de béton jusqu'au sol du rez-de-chaussée. Ils sont établis en meulière et mortier hydraulique avec des chaînes en pierres de taille, et ils sont reliés par une assise courante en pierres de taille.

Les fondations des poteaux isolés ont la même profondeur que celles des murs; elles sont formées de massifs de béton sur lesquels reposent des libages, qui portent eux-mêmes des piliers en pierres de taille s'élevant jusqu'au sol du rez-de-chaussée, et portant des retombées pour les voûtes des caves.

La galerie longitudinale, construite dans le but de servir aux mouvements des marchandises à décharger directement des bateaux, devait offrir de larges baies; on leur a donné la forme d'arcades en plein cintre.

Les piliers extrêmes de la galerie sur le bassin se trouvent naturellement dans le prolongement des lignes de poteaux; ils sont en pierre de taille et présentent une saillie intérieure formant pilastre, et s'élevant jusqu'à la hauteur du second étage pour recevoir, sur ce côté du bâtiment, les poteaux extrêmes adossés aux murs.

Les archivoltes sont formés par des arcs en briques d'une épaisseur de $0^m,35$ avec saillie de $0^m,025$ sur le mur.

Les autres parties de murs en élévation sont établies dans les mêmes conditions et dimensions que celles des murs et magasins du pont tournant.

Le rez-de-chaussée et le premier étage sont fermés, sur la galerie, par une cloison en briques, établie sur un socle en pierre de taille, formé de parpaings posés de champ.

Au rez-de-chaussée, cette cloison est percée de quatre ouvertures ou baies de service, et au premier étage, de baies de fenêtres semblables à celles des murs de face.

Les caves de ce bâtiment sont voûtées, les voûtes sont en briques de Bourgogne, hourdées en ciment de Vassy ; elles reposent sur les piliers formant les fondations des poteaux isolés et sur les saillies formant les fondations des poteaux adossés aux murs; elles ont une portée de $3^m,70$ dans le sens transversal et de $3^m,40$ dans le sens longitudinal ; la flèche est de 1 mètre, et la hauteur des naissances au-dessus du sol de 3 mètres, ce qui donne 4 mètres pour la hauteur sous clef. L'épaisseur des voûtes n'est que de $0^m,11$, égale à la largeur d'une brique ordinaire.

Les remplissages entre les tympans ont été faits jusqu'au niveau des extrados avec des terres mélangées de chaux. Dans l'intérieur du rez-de-chaussée, on a établi sur ces remblais une couche de béton de $0^m,11$ d'épaisseur et un enduit supérieur en bitume de $0^m,03$.

Le rez-de-chaussée ne forme pas une surface horizontale; des pentes sont ménagées des pieds des poteaux vers les axes des travées, afin de donner écoulement aux liquides qui peuvent être répandus sur ce sol et de les conduire dans des caniveaux en fonte disposés à cet effet, de distance en distance, dans l'épaisseur de la couche de béton.

Sous la galerie, le sol du rez-de-chaussée est formé d'un pavage en bois.

Un escalier en pierres de taille, construit extérieurement à l'un des angles du magasin, donne accès dans les caves, qui sont éclairées et aérées par six soupiraux ménagés sur chacune des faces principales du magasin.

Colonnes et trappes de la galerie.

La grande hauteur de la galerie ne permettait pas l'emploi de poteaux en bois pour soutenir le plancher du deuxième étage; on a eu recours à des colonnes creuses en fonte, qui reposent d'abord à leur partie inférieure sur des dés en pierres de taille couronnant les piliers des caves; leurs chapiteaux reçoivent les poutres et poteaux de ce deuxième étage (pl. XXI, fig. 3 et 4).

Ce contact immédiat des colonnes sur les pierres de taille n'a pas présenté d'inconvénient, tant que les charges prévues au projet n'ont pas été dépassées; mais l'abondance des marchandises ayant déterminé des charges plus fortes, les dés en pierres de taille se sont épauffrés, et il a fallu obvier à cet inconvénient en interposant, entre la pierre dérasée à cet effet et la base de la colonne, un disque en fonte enveloppé de lames de plomb, afin d'établir le meilleur contact possible entre les surfaces superposées et imparfaitement dressées. Aucun effet ne s'est produit depuis cette modification, bien que les colonnes aient eu à supporter des charges égales à celles qui avaient produit les premiers épauffrements.

On a établi sous la galerie des trappes pour le service des caves; chacune d'elles occupe tout l'espace compris entre quatre piliers des caves. Les voûtes en briques sont terminées et garanties sur le vide d'une trappe par quatre poitrails en fonte, assemblés entre eux, reposant sur les piliers, et portant à l'intérieur du vide une nervure destinée à soutenir les madriers qui ferment la trappe.

Charpenterie, menuiserie et serrurerie.

La charpenterie de ce bâtiment est disposée comme celle du magasin n° 2 du pont tournant; les différentes pièces de charpente ont les mêmes dimensions, bien que les poutres et solives y soient un peu plus grandes.

Il en est de même pour les ouvrages de serrurerie et de menuiserie.

Les chapeaux en fonte des poteaux adossés aux murs diffèrent un peu des autres chapeaux, en ce sens, que la dimension de leur plate-forme a été réduite pour éviter les pénétrations dans les murs.

On a établi aussi, pour le contreventement à chaque étage, des armatures semblables à celles du magasin n° 2 du pont tournant.

Sol des caves, drainage et égout.

Le sol des caves est à 1 mètre en contre-bas du niveau de l'eau du bassin; il est formé d'une couche de terre salpêtrée de $0^m,05$ d'épaisseur, garantie contre les eaux d'infiltration par un radier général en béton de $0^m,10$ d'épaisseur seulement (pl. XX, fig. 1 et 2).

Les eaux d'infiltration pouvant compromettre la solidité du radier, on a cherché à leur procurer un écoulement facile en drainant toute la surface. Ce drainage se compose de rangées de drains ordinaires placés dans les axes des travées longitudinales, réunis en tête par un rang de drains placés contre les fondations du mur sur le bassin, et à leur autre extrémité par un rang de drains collecteurs placés contre les fondations du mur sur la cour. Tous ces rangs de drains ont une pente de $0^m,001$ par mètre se dirigeant : pour les drains ordinaires, du bassin vers le mur opposé, et pour les drains de tête et collecteurs, de l'ouest à l'est du bâtiment. Ils sont tous placés au fond de rigoles de $0^m,20$ de largeur et $0^m,35$ de profondeur moyenne, remplies de gravier.

L'assainissement de chacune des travées longitudinales est complété par des rigoles creusées suivant les axes des travées transversales, et dont les pentes, de $0^m,001$ par mètre, convergent vers la rigole centrale contenant les drains. Ces rigoles sont simplement remplies de gravier; leurs points bas se trouvent à $0^m,03$ au-dessus du fond de la rigole centrale.

Le rang de drains de tête est destiné à écouler les eaux d'infiltration qui peuvent suivre les contours des fondations, avant qu'elles se répandent sur le radier.

Le rang de drains collecteurs verse les eaux dans un rang de drains semblables placés dans le radier d'un égout qui longe le bâtiment du côté de la cour, et qui est destiné à recevoir les eaux de surface des dépendances du dock et à les reverser dans un égout communal (pl. XVII et XX).

Les drains ordinaires ont 0m,030 de diamètre intérieur et 0m,048 de diamètre extérieur (pl. XX, fig. 3); ils sont réunis bout à bout par des manchons dont le diamètre intérieur est de 0m,060.

Les drains collecteurs ont un diamètre intérieur de 0m,11; ils ne sont pas entièrement cylindriques; ils sont aplatis comme les manchons des autres drains pour avoir plus de stabilité. Ces derniers drains n'ont pas de manchons d'assemblage.

Appareils d'exploitation.

Les étages supérieurs sont desservis par quatre tire-sacs mus par une machine à vapeur de la force de douze chevaux. Les tire-sacs et les transmissions sont dans le même système que ceux du magasin du pont tournant nº 1; ils sont en communication pour l'extérieur avec quatre baies de service ménagées sur toute la hauteur du bâtiment, sur chacune des deux faces longitudinales.

Le déchargement des marchandises, dont l'emmagasinage se fait au rez-de-chaussée ou dans les caves, s'opère, pour la voie d'eau, au moyen d'une grue roulante supportée par un cours de moises, qui lui permet de s'avancer au-dessus des bateaux en déchargement, et de parcourir la galerie et le rez-de-chaussée dans toute leur largeur. Cette grue roulante a été placée de manière à desservir une des trappes des caves.

Les marchandises à recevoir ou à expédier par la voie de terre sont chargées ou déchargées en adossant les voitures aux baies de service ou aux arcades latérales de la galerie.

Une autre grue pivotante, établie à l'extrémité est du magasin et de la galerie, est disposée pour le déchargement ou le rechargement de colis d'un poids assez considérable.

Les caves ont été construites principalement pour enmagasiner les huiles. Des considérations d'espace, de sécurité et de manutention, ont conduit à adopter, pour réservoirs d'huile, de grandes caisses rectangulaires en tôle ayant généralement 7 mètres de longueur sur $1^{m},80$ de largeur et $2^{m},75$ de hauteur (pl. XXII, fig. 1 et 2).

Les parois verticales des caisses sont formées de feuilles de tôle de $0^{m},004$ d'épaisseur, d'une seule pièce dans la hauteur. Les feuilles d'angle (pl. XXII, fig. 4) sont cintrées suivant un rayon de $0^{m},10$. Le fond est formé de feuilles de $0^{m},005$ d'épaisseur et de $1^{m},80$ de longueur (pl. XII, fig. 3); il est réuni aux parois verticales par une cornière.

Pour résister à la pression du liquide, les parois verticales sont revêtues à l'intérieur de ceintures au nombre de cinq, dont une, placée sur les bords de la caisse, est formée d'une cornière, et les quatre autres de fer à T. Les longs-côtés de chacune de ces ceintures sont réunis par cinq tirants en fer rond (pl. XXII, fig. 5 et 6).

Ces caisses n'ont été établies d'abord que dans la moitié de la surface des caves; elles sont placées par groupes de deux dans les travées transversales; chaque groupe occupe en longueur deux travées longitudinales, moins un passage de 1 mètre de largeur, ménagé en tête d'un côté entre les caisses et de l'autre côté entre les piliers et une autre rangée de caisses.

Les travées transversales extrêmes ne contiennent en largeur qu'une caisse, l'emplacement de la seconde caisse étant resté libre pour former un passage entre les caisses et les murs.

On a réduit exceptionnellement à $6^{m},20$ la longueur des caisses du rang longitudinal adossées au mur, pour laisser un espace de 0m,45 entre ces caisses et ce mur.

Les caisses sont posées sur des châssis en chêne de 0m,20 d'épaisseur. Chaque caisse porte en tête deux robinets en cuivre posés, l'un à 0m,15 du fond, l'autre à 0m,90, et il y a en outre dans le fond un trou de vidange.

Des caniveaux en fonte encastrés dans le béton, qui forme le sol des caves, sont disposés pour recevoir les produits de vidange et les légères fuites des robinets, et les porter dans un réservoir spécial établi dans l'axe du bâtiment à son extrémité ouest.

Le dépotage des huiles se fait au rez-de-chaussée. Les fûts à dépoter sont amenés, à cet effet, au-dessus d'un large caniveau pratiqué dans le sol du rez-de-chaussée, dans lequel on les vide; le liquide est descendu par un tuyau vertical jusqu'à 0m,60 au-dessous de la clef des voûtes de caves, et reporté ensuite dans les caisses au moyen d'une série de tuyaux en fer-blanc, suspendus aux voûtes par des colliers à charnière.

La mise en fût des huiles à réexpédier se fait aussi au rez-de-chaussée; l'huile des caisses à vider est reçue dans les caniveaux en fonte, qui la font arriver dans le réservoir spécial; elle est remontée au rez-de-chaussée au moyen d'une pompe, mise en mouvement par la machine à vapeur et qui la verse dans deux caisses en tôle construites comme les premières, mais de dimensions moindres; ces caisses sont placées sur des bâtis en charpente de 1m,20 de hauteur, et les fûts munis d'entonnoirs sont placés sous leur robinet.

Au moyen de ces dispositions, les dépenses pour le dépotage et la mise en fûts sont réduites à leur plus simple expression.

MAGASIN-CHAIS N° 1.

Dispositions principales.

Le magasin-chais n° 1 est construit sur la rive droite du bassin du pont de Flandre (côté nord), en face les docks-magasins n° 1 et symétriquement à ce bâtiment (pl. XVI).

Le bâtiment proprement dit a 61^{m},90 de longueur et 25^{m},02 de largeur hors œuvre (pl. XXIII). Il est divisé longitudinalement en sept travées de 8^{m},70, et transversalement en six travées de 4 mètres. Des murs s'élèvent sur les limites extrêmes de ces travées, et sur tous les entraxes intermédiaires il y a des poteaux en bois qui s'élèvent jusqu'au comble; le bâtiment n'a qu'un rez-de-chaussée et un étage en grenier (pl. XXIX).

La couverture est formée par sept toits, de telle sorte que chacun d'eux recouvre une travée transversale et que la façade présente sept pignons accolés.

L'espace laissé entre le bâtiment et le bassin est divisé en deux parties par une ligne placée à 1^{m},25 de l'arête intérieure du mur du quai et à 8 mètres du nu du mur; aux intersections de cette ligne et des axes des travées transversales s'élèvent des poteaux destinés à soutenir les toits, qui avancent en se continuant jusqu'au bassin et forment ainsi une galerie intermédiaire couverte pour le déchargement et la manutention des colis.

Cette disposition a de plus l'avantage d'abriter la face principale du chais qui se trouve exposée au sud-ouest, contrairement au principe admis pour l'établissement de ces espèces de magasins ; inconvénient qu'il n'était pas possible d'éviter dans la position du bassin du pont de Flandre.

Le magasin-chais étant plus particulièrement destiné à entreposer des esprits, on a établi un premier étage en grenier pour interposer une couche d'air entre la couverture et l'atmosphère du lieu où les fûts de liquide devaient être emmagasinés.

Au premier étage on a fait un plancher en frises de sapin, comme ceux du magasin de céréales, afin d'empêcher autant que possible le renouvellement de l'air au rez-de-chaussée, et aussi pour pouvoir utiliser cet étage pour l'emmagasinage d'autres marchandises.

Le sol du rez-de-chaussée a été tenu à $0^m,50$ au-dessous du couronnement du mur de quai et des rues latérales ou transversales (pl. XXIV, fig. 4), disposition nécessaire pour entretenir dans cette vaste pièce une température à peu près constante, et assez basse pour favoriser le moins possible l'évaporation du liquide.

La hauteur sous poutre du rez-de-chaussée est de 4 mètres, ce qui permet d'engerber les fûts d'esprit sur trois rangs de hauteur.

La hauteur du premier étage en grenier, sous les entraits, n'est que de $2^m,10$.

Deux hangars ou appentis ont été adossés aux extrémités du bâtiment pour servir d'ateliers aux tonneliers.

Au rez-de-chaussée, la face abritée par la galerie est percée de trois baies de service de 2 mètres sur 2 mètres. La face parallèle est percée de sept jours en forme de soupiraux. Le premier étage est éclairé sur chacune des faces principales par trois fenêtres et quatre baies de service semblables à celles des magasins de céréales. Deux escaliers en pierre de taille, composés de trois marches, établissent pour chacune des trois baies de service des communications entre le rez-de-chaussée et le sol de la galerie; pour les communications entre la galerie et le premier étage, on se sert d'un escalier roulant qui est fixé selon les besoins à l'une ou à l'autre des sept baies de service sous la galerie.

Détails de construction.

Les fondations des murs sont formées d'une couche de béton de $0^m,80$ d'épaisseur et de 1 mètre de largeur, arrasée au niveau du sol du rez-de-chaussée.

Les murs en élévation ont une épaisseur de $0^m,65$ sur une hauteur de 1 mètre ; une retraite extérieure réduit à $0^m,60$ cette épaisseur, qui est conservée jusqu'au-dessous des poutres du plancher, et elle n'est que de $0^m,50$ pour la partie restante. Ces murs sont construits en meulière hourdée en mortier hydraulique depuis leur base jusqu'au-dessous des planchers, et en moellons hourdés en plâtre jusqu'à leur extrémité supérieure.

Le socle est revêtu extérieurement d'un enduit en ciment romain ; les autres parties des murs en élévation sont recouvertes à l'intérieur et à l'extérieur d'un enduit en plâtre.

Les fondations des poteaux supportant le plancher sont descendues à la même profondeur que celles des murs; elles se composent d'un massif de béton de $0^m,65$ d'épaisseur et de $0^m,70$ de côté, sur lequel est placé un libage de $0^m,30$ d'épaisseur et de $0^m,40$ de côté, servant de dé au poteau.

Le terrain formant le sol du rez-de-chaussée a été mélangé de chaux sur une épaisseur de $0^m,15$, et recouvert, après avoir été damé, d'une couche de salpêtre d'une épaisseur de $0^m,05$.

Les poteaux de la galerie sont établis sur des contre-forts du mur de quai dont les dimensions sont pour la base en béton de $1^m,05$ de longueur et $0^m,80$ de largeur, pour le massif de maçonnerie $0^m,95$ de longueur sur $0^m,60$ de largeur ; ce massif est couronné par un libage de

$0^m,30$ d'épaisseur, et $0^m,60$ de côté, sur lequel repose un dé de $0^m,50$ de hauteur et de $0^m,45$ de côté en moyenne.

Les poteaux du rez-de-chaussée sont en chêne ; ils ont $0^m,28$ d'équarrissage, et sont couronnés de chapeaux en bois de même essence, dirigés dans le sens de la longueur du chais ; ces chapeaux ont 3 mètres de longueur et $0^m,27$ d'épaisseur ; leurs extrémités sont soutenues par des contre-fiches. Les poutres en bois de sapin de $0^m,30$ sur $0^m,38$ d'équarrissage, formant la base des planchers, reposent sur ces chapeaux (pl. XXIV, fig. 3).

Les poteaux de l'étage supérieur sont aussi en chêne ; ils ont $0^m,25$ d'équarrissage et reposent directement sur les poutres ; leurs pieds y sont maintenus par des tenons et par des solives moisées qui les embrassent. Les solives moisées, de $0^m,23$ de hauteur sur $0^m,12$ de largeur, sont soutenues, comme les poutres, par des contre-fiches s'appuyant sur les poteaux et les murs ; elles ont leurs extrémités ancrées dans les murs ; les solives ordinaires sont en bois de sapin, comme les solives moisées ; elles ont $0^m,23$ sur $0^m,08$, dimensions des madriers livrés au commerce. Le parquet est en frises de sapin à $0^m,04$ d'épaisseur.

L'équarrissage des poteaux de la galerie a été porté à $0^m,30$, en raison de leur grande hauteur.

Les fermes soutenant la toiture sont composées, dans l'intérieur du chais, de deux arbalétriers reposant sur les entraits qui servent de chapeaux aux poteaux du premier étage, d'un faux entrait, d'un poinçon moisé descendant jusqu'aux poutres du plancher auxquelles il offre un point d'appui, de deux contre-fiches sous le faîte, de deux autres contre-fiches sous les arbalétriers au-dessus du faux entrait, enfin de deux aisseliers soutenant ce faux entrait et reposant sur les poutres contre les pieds des poteaux supérieurs. Les aisseliers et les entraits sont entaillés à mi-bois aux points où ils se rencontrent (pl. XXIV, fig. 3) ; les poinçons et, en conséquence, les fermes des combles servent ainsi d'armature aux poutres du plancher.

Entre les fermes de tête de la galerie et les pignons du chais, il a été établi un rang de fermes intermédiaires reposant sur des cours de moises appuyés d'un côté sur les poteaux, de l'autre sur les murs, et soutenus par deux contre-fiches. Les fermes de tête et les fermes intermédiaires de la galerie sont formées de deux arbalétriers, d'un entrait, d'un poinçon moisé, de contre-fiches sous le faîte et sous les arbalétriers (pl. XXIV, fig. 2).

Les fermes de tête sont revêtues à l'extérieur d'une cloison en sapin à joints verticaux avec couvre-joints et évidée entre deux poteaux, à sa partie inférieure, en anse de panier (pl. XXIV, fig. 1).

Pour éviter, autant que possible, le renouvellement de l'air dans le rez-de-chaussée, les trois baies de service sur la face sud-ouest sont garnies de portes pleines à l'extérieur et de portes roulantes vitrées à l'intérieur. Les sept soupiraux de la face nord-est sont fermés à l'intérieur par des châssis vitrés fixes, et à l'extérieur par des volets pleins en bois.

Détails pour le service de l'exploitation.

Il n'a été établi jusqu'ici aucun appareil spécial, soit pour le mouvement des fûts et leur engerbage, soit pour desservir le premier étage. Les fûts arrivant par la voie d'eau sont déchargés au moyen d'une grue placée sur le bord du bassin ; les fûts expédiés ou à réexpédier par la voie de terre sont transportés sur des haquets dont le chargement et le déchargement se font à bras d'homme.

MAGASIN N° 2

Etabli sur le terre-plein, rive droite du bassin du pont de Flandre.

Le magasin n° 2 de l'entrepôt du pont de Flandre est construit sur les bords du bassin de cette localité, à 15 mètres du magasin n° 1 ; les dimensions en longueur, largeur et hauteur sont les mêmes pour les deux bâtiments, mais il n'y a pas de sous-sol dans le magasin n° 2 (pl. I et XVI).

La hauteur du rez-de-chaussée au-dessus des cours attenantes au bâtiment et la répartition des divers planchers dans la hauteur totale sont aussi exactement les mêmes dans les deux bâtiments.

Dans le bâtiment n° 2, toutefois, il n'a pas été ménagé de galeries longitudinales latéralement au bassin du pont de Flandre, de sorte que le plancher de l'entre-sol s'étend jusqu'au mur en élévation du côté de ce bassin, et qu'on a fermé les grandes baies existant entre le premier étage et le rez-de-chaussée.

Toutes les autres dispositions de détail relatives à la construction sont semblables dans les deux bâtiments.

La machine à vapeur établie pour desservir le magasin n° 1 étant assez puissante pour desservir en même temps le magasin n° 2, on s'est borné à poser dans ce magasin un arbre de couche qui s'étend jusqu'à l'arbre montant du magasin n° 1, et qui est mis en mouvement au moyen de transmissions semblables à celles qui font mouvoir l'arbre de couche de ce dernier magasin.

Une passerelle établie entre les deux bâtiments sert à supporter l'arbre de couche qui traverse la cour intermédiaire, et à établir la communication de l'un à l'autre.

CHAIS N° 2

Etabli sur le terre-plein, rive gauche du bassin du pont de Flandre.

Le chais n° 2 de l'entrepôt du pont de Flandre a été construit à peu près symétriquement au chais n° 1 et dans les mêmes dimensions en longueur, largeur et hauteur (pl. I et XVI).

Comme ce second bâtiment était plus spécialement destiné à entreposer des farines de la réserve de la ville de Paris et de la banlieue, le sol du rez-de-chaussée n'a pas été abaissé, et on n'a pas établi de galerie latéralement, comme on l'avait fait pour le chais n° 1.

A cette différence près, les deux bâtiments sont semblables quant à leurs dispositions d'ensemble et de détails, de telle sorte qu'il y aurait peu de modifications à apporter au bâtiment n° 2, s'il y avait lieu, par la suite, de le convertir en chais spécial pour les vins et les esprits.

FIN.

Prix de revient du magasin-dock n° 1,

Sur le terre-plein (rive gauche) du bassin de la Villette.

DÉSIGNATION DES TRAVAUX.	QUANTITÉS.	PRIX par UNITÉ.	PRODUITS PARTIELS.	PRODUITS TOTAUX.
	MÈTRES.	FR. C.	FR. C.	FR. C.
1re SECTION. — **Terrassements.**				
1° Déblais pour fouille et charge, transport en dépôt et emploi en remblais par couche de 0,15 à 0,20, régalés, pilonnés et arrosés.	1.985 »	1,10	2.183,50	12.859,60
2° Déblais pour fouille et charge dans les tombereaux et enlèvement aux décharges publiques; non compris les épuisements. .	1.798,90	2 »	3.597,80	
3° Dépenses en régie pour épuisements, enlèvement des batardeaux, gardiennage, etc.	»	»	7.078,30	
2e SECTION. — **Maçonnerie.**				
1° Démolition de maçonnerie en moellons et pierres de taille.	30 »	4 »	120 »	147.536,10
2° Béton en fondations, composé de 2/5 de mortier en chaux hydraulique et sable de rivière et 3/5 de cailloux de 0,05 de grosseur moyenne..	1.172 »	20 »	23.440 »	
3° Maçonnerie en meulière hourdée en mortier de chaux hydraulique et sable de rivière.	1.677 »	22 »	36.674 »	
4° Maçonnerie en pierre de taille de roche lits et joints non compris, mais y compris le rejointoiement.	180,31	90 »	16.227,90	
5° Maçonnerie en pierre de taille de vergelé, comme dessus..	48,72	80 »	3.897,60	
6° Maçonnerie en briques de Bourgogne de 1re qualité pour cintres de baies, etc. . .	47,90	90 »	4.311 »	
7° Maçonnerie en moellons durs de la plaine hourdée en plâtre.	1.684,50	19 »	32.005,50	
8° Parement vu de pierre de taille dure, y compris lits, joints et ragréement. . . .	863 »	10 »	8.630 »	
9° Parement vu de pierre de taille tendre, comme dessus..	216,10	7,50	1.620,75	
10° Évidement de pierre de taille dure. . .	9,71	100 »	971 »	
11° Smillage ordinaire et rejointoiement de meulière apparente.	606,60	2 »	1.213,20	
12° Enduit en ciment romain de 0,027 d'épaisseur.	549,30	6 »	3.295,80	
13° Enduit grossier en mortier de chaux hydraulique..	255 »	1,50	382,50	
A reporter.				160.385,70

DÉSIGNATION DES TRAVAUX.	QUANTITÉS.	PRIX par UNITÉ.	PRODUITS PARTIELS.	PRODUITS TOTAUX.
	MÈTRES.	FR. C.	FR. C.	FR. C.
Report. . .	. . . . .	. . .	. . . . . .	160.385,70
14° Légers ouvrages en plâtre.	4.793,55	3 »	14.380,65	
15° Articles évalués en argent.	»	»	366,20	
3e Section. — Charpenterie.				
1° Bois de chêne ordinaire ou de qualité, avec ou sans sciage, pour poteaux montants, linteaux, cales, sablières, poinçons, etc. .	239,77	120 »	34.772,40	
2° Bois de chêne refait pour armatures de poutres.	1,61	en moyenne 150 »	241,50	
3° Bois de chêne refait pour cintres.	14,90	200 »	2.980 »	153.901 »
4° Bois de sapin, avec ou sans sciage.. . . .	1.251,70	90 »	112.653 »	
5° Marches d'escaliers ordinaires, y compris limon et contre-marches.	192 »	10 »	1.920 »	
6° Dépenses diverses.	»	»	1.334,10	
4e Section. — Couverture.				
1° Couverture en ardoises neuves sur voliges neuves.	2.143,36	4 »	8.573,44	
2° Faîtage en tuiles neuves de Bourgogne. .	125,59	2 »	251,18	
3° Arêtiers en zinc.	133,20	2,25	299,70	
4° Chéneaux en plomb, etc.	261 »	25 » le m.sup.	6.526,50	
5° Pente en plâtre.	447,25	2 »	894,50	19.816,60
6° Tuyaux de descente en zinc, n° 14. . . .	216 »	2,50	540 »	
7° Id. en fonte.	33,72	8 »	269,76	
8° Couverture en zinc, n° 14, au-dessus des murs.	165,67	6 »	994,02	
9° Dépenses diverses.	»	»	1.497,50	
5e Section. — Menuiserie.				
1° Lambourdes de 0,08 sur 0,08, pour le plancher du rez-de-chaussée.	5.640 »	0,65	3.666 »	
2° Plancher en chêne de 0,034 en frises de 0,11, à rainures et languettes par bout et sur le côté, et à un parement.	1.194 »	8 »	9.552 »	
3° Plancher en sapin du Nord de 0,034 en frises de 0,11, comme dessus.	11.758 »	5 »	58.790 »	
4° Portes et volets en chêne de 0,034 rainés, collés, emboîtés, à un ou deux vantaux brisés ou non brisés.	279,50	9 »	2.515,50	84.435 »
5° Persiennes à un vantail en chêne de 0,01, lames mouvantes de 0,013 et dormant de 0,08 sur 0,08.	276,25	8 »	2.210 »	
A reporter.				418.568,30

DÉSIGNATION DES TRAVAUX.	QUANTITÉS.	PRIX par UNITÉ.	PRODUITS PARTIELS.	PRODUITS TOTAUX.
	MÈTRES.	FR C.	FR. C.	FR. C.
Report. . .	. . . . .	. . . .	. . . . . .	418.568,30
6° Croisées pivotantes au milieu de la hauteur, à petits carreaux dormant de 0,08 sur 0,08, bâtis de 0,54 sur 0,04, petits bois de 0,04 sur 0,02, sans mouluré.	355,62	10 »	3.556,20	
7° Dépenses diverses.	»	»	4.145,30	
6e SECTION. — Serrurerie.				
	KILOGRAMMES.			
1° Gros fers pour plates-bandes, ancres, tirants, étriers, équerres, etc.	14.512 »	0,75	10.884 »	
2° Gros fers pour boulons et autres pièces taraudées, armatures, etc.	36.695 »	1 »	36.695 »	
3° Fonte pour chapeaux et consoles, y compris pose.	81.340 »	0,40	32.536 »	
4° Fonte pour sabots, fourreaux, etc., y compris pose et scellement.	2.420 »	0,60	1.452 »	
5° Ferrures des portes des baies de service.	36 »	50 »	1.800 »	90.852,50
6° Id. des volets du mur du chenal et du rez-de-chaussée.	48 »	26,66	1,280 »	
7° Ferrures des persiennes ou croisées pivotantes.	258 »	en moyenne 10 »	2.580 »	
8° Ferrures pour faire mouvoir les lampes de persiennes.	120 »	7 »	840 »	
9° Ferrures des portes d'entrée.	3 »	75 »	225 »	
10° Dépenses diverses.	»	»	2.560,50	
7e SECTION. — Peinture et vitrerie.				
	MÈTRES.			
1° Peinture à l'huile, trois couches, ton de bois.	6.075 »	1 »	6.075 »	
2° Peinture à l'huile à une couche, même ton.	3.170 »	0,50	1.585 »	
3° Peinture, trois couches, y compris celle de minium, pour les fers, ton de bronze, au mètre courant.	4.730 »	0,20	1.486 »	12.066,40
4° Peinture, trois couches, y compris celle de minium, pour les fers, ton de bronze, à la pièce.	16,000 »	0,05	800 »	
5° Vitrerie en verre ordinaire.	272,80	4,50	1.227,60	
6° Vitrerie en verre double.	27,50	9 »	247,50	
7° Dépenses diverses.	»	»	645,30	
		TOTAL GÉNÉRAL.		521.497,20

Ce bâtiment ayant une superficie de 2.112 mètres, le prix de revient par mètre est de 247 francs ; ce qui correspond à 35 fr. 30 c. par mètre et par étage.

Prix de revient du magasin-dock n° 2,

Sur le terre-plein (rive droite) du bassin de la Villette.

DÉSIGNATION DES TRAVAUX.	QUANTITÉS.	PRIX par UNITÉ.	PRODUITS PARTIELS.	PRODUITS TOTAUX.
	MÈTRES.	FR. C.	FR. C.	FR. C.
1re SECTION. — **Terrassements.**				
1° Déblais pour fouille et charge, transport en dépôt et emploi en remblai.	2.444,84	0,90	2.200,36	
2° Déblais exécutés dans l'eau avec deux jets de pelle.	331,25	1,44	477, »	4.906,94
3° Dépenses en régie pour épuisements, construction et enlèvement d'un batardeau, etc.	» »	» »	2.229,58	
2e SECTION. — **Maçonnerie.**				
1° Lambourdage sur aire en bitume pour le plancher du rez-de-chaussée.	1.722,32	3,60	6.200,35	
2° Dallage en bitume sur aire en béton. . .	188,85	5,50	1.038,67	
3° Béton hydraulique en fondation.	1.268,04	15,30	19.401,01	
4° Maçonnerie de meulières hourdée en mortier de chaux hydraulique.	876,58	16,65	14.595,06	
5° Maçonnerie de libages en roche.	34,22	49,50	1.693,89	
6° Maçonnerie de meulières hourdée en plâtre.	439,33	16,65	7.314,84	
7° Maçonnerie de pierre de taille de roche.	143,58	72 »	10.337,76	
8° Maçonnerie de pierre de taille de vergelé.	90,18	49,50	4.463,91	101.992,39
9° Maçonnerie de briques de Bourgogne. .	18,04	63 »	1.136,52	
10° Maçonnerie en moellons durs de la plaine hourdée en plâtre.	1.396,55	15,30	21.367,21	
11° Parement vu de pierre de taille dure, y compris rejointoiement.	511,05	6,525	3.334,60	
12° Parement vu de pierre de taille tendre comme dessus.	395,62	3,15	1.246,20	
13° Smillage et jointoiement de meulières. .	181,00	1,35	244,35	
14° Légers ouvrages en plâtre.	3.445,01	2,475	8.526,40	
15° Travaux divers et articles en argent. . .	» »	» »	1.091,62	
3e SECTION. — **Charpenterie.**				
1° Bois de chêne, sciage sur une ou plusieurs faces.	294,89	112,50	33.175,12	
A reporter. . .	. . . . .	. . .	. . . . .	106.899,33

DÉSIGNATION DES TRAVAUX.	QUANTITÉS.	PRIX par UNITÉ.	PRODUITS PARTIELS.	PRODUITS TOTAUX.
	MÈTRES.	FR. C.	FR. C.	FR. C.
Report. . .	. . . . .	. . .	. . . . .	106.899,33
2° Bois de sapin, lavé à la scie avec assemblage.	700,12	84,60	59.230,15	142.346,09
3° Bois de sapin sciage non assemblé pour solives et chevrons.	532,62	81,00	43.142,22	
4° Cales, fourrures, chantignolles	2.968 »	0,50	1.484 »	
5° Marches d'escaliers, compris limons. . .	285 »	10 »	2.850 »	
6° Chevillettes pour chevrons, etc.	3.456 »	0,10	345,60	
7° Etablissement d'un batardeau et dépenses diverses.	» »	» »	2.119 »	
4e SECTION. — **Couverture.**				
1° Couverture en ardoises d'Angers, modèle anglais.	1.977,81	4,50	8.900,15	17.176,21
2° Chéneaux en plomb avec pente.	145,24	2,50	3.267,90	
3° Chéneaux en zinc, n° 16, avec pente. . .	129,68	7,20	933,70	
4° Couverture en zinc, n° 14.	250,44	6,30	1.577,77	
5° Arêtiers en ardoises de zinc.	144 »	7,20	1.036,80	
6° Faîtage en tuiles neuves de Bourgogne.	132 »	1,80	237,60	
7° Tuyaux de descente en zinc, n° 14, de 0m,11 de diamètre.	210 »	2,25	472,50	
8° Tuyaux de descente en fonte.	54 »	5,40	291,60	
9° Coudes en fonte.	12 »	2,70	32,40	
10° Articles en argent.	» »	» »	425,79	
5e SECTION. — **Menuiserie.**				
1° Plancher en chêne, frise à rainure et languette.	1.759,35	7,20	12.667,32	61.592,56
2° Plancher en sapin du Nord, id.	11.744,04	3,465	40.693,10	
3° Tasseaux autour des murs et des poteaux.	1.872 »	0,18	336,96	
4° Portes pleines et volets chêne de 0m,034.	207,20	7,65	1.585,08	
5° Persiennes dormantes à lames mobiles chêne	305,76	10,80	3.302,21	
6° Croisées pivotantes à petits carreaux . .	334,21	9 »	3.007,89	
A reporter. . .	. . . . .	. . .	. . . . .	328.014,19

DÉSIGNATION DES TRAVAUX.	QUANTITÉS.	PRIX par UNITÉ.	PRODUITS PARTIELS.	PRODUITS TOTAUX.
	MÈTRES.	FR. C.	FR. C.	FR. C.
Report. . .	. . . . .	. . .	. . . . .	328.014,19
6e SECTION. — **Serrurerie.**				
1° Fonte pour chapeaux.	89.363,20	0,315	28.149,41	57.113,03
2° Gros fers pour ancres, tirants et plates-bandes.	21.183,80	0,63	13.345,79	
3° Gros fers pour boulons d'assemblage. .	10.190,10	0,90	9.171,09	
4° Ferrures des portes, volets, croisées et persiennes.	» »	» »	4.636,74	
5° Etablissement de quatre paratonnerres et accessoires.	» »	» »	1.810 »	
7e SECTION. — **Peinture et vitrerie.**				
1° Peinture des bois à l'huile, trois couches avec rebouchage.	4.269,82	0,765	3.266,41	5.645,11
2° Peinture des fontes.	1.056 »	0,45	475,20	
3° Peinture des fers au mètre linéaire. . . .	5.427,34	0,162	879,23	
4° Peinture des fers à la pièce.	3.500 »	0,045	157,50	
5° Vitrerie en verre ordinaire.	205,82	3,825	787,26	
6° Vitrerie en verre double.	7,80	6,30	49,14	
7° Articles en argent.	» »	» »	30,37	
			TOTAL GÉNÉRAL.	390.772,33

Ce bâtiment ayant une superficie de 2,112 mètres, le prix de revient par mètre est de 185 francs; ce qui correspond à 26 fr. 40 c. par mètre et par étage.

Prix de revient du magasin-dock n° 1,

Sur le terre-plein (rive gauche) du bassin du pont de Flandre.

DÉSIGNATION DES TRAVAUX.	QUANTITÉS.	PRIX par UNITÉ.	PRODUITS PARTIELS.	PRODUITS TOTAUX.
	MÈTRES.	FR. C.	FR. C.	FR. C.
1re SECTION. — **Terrassements.**				
1° Déblais pour fouille et charge, transport en dépôt et emploi en remblais....	6.951,56	0,92	6.395,43	24.721,37
2° Remblai de terre mélangée de chaux hydraulique en poudre..................	1.054,26	1,84	1.939,83	
3° Dépenses en régie pour épuisements, travaux de drainage et fournitures diverses relatives à ces travaux................	»	»	16.386,11	
2e SECTION. — **Maçonnerie.**				
1° Béton hydraulique en fondations......	512,09	15,60	7.988,60	158.74,743
2° Aire en salpêtre de 0m,10 d'épaisseur...	1.884,08	0,69	1.300,01	
3° Maçonnerie de meulières hourdée en mortier hydraulique.................	875,61	18,35	16.067,44	
4° Parement vu de meulière smillée et jointoyée en mortier hydraulique..........	268,62	1,38	370,69	
5° Enduit en mortier de chaux hydraulique et ciment romain....................	505,80	2,29	1.158,28	
6° Maçonnerie de pierre de taille de roche neuve.............................	554,23	87,16	48.306,69	
7° Parement vu de la pierre de roche.....	2.229,59	6,42	14.313,96	
8° Maçonnerie de pierre de taille en vergelé de Saint-Leu......................	99,11	55,05	5.456 »	
9° Parement de la pierre de vergelé......	503,62	3,21	1.616,62	
10° Maçonnerie de moellons hourdée en plâtre.............................	1.820,64	15,60	28.401,98	
11° Surface de maçonnerie de briques de Bourgogne hourdée en ciment romain de 0m,22 d'épaisseur.................	292,95	14,68	4.300,50	
12° Surface de maçonnerie de briques de Bourgogne hourdée en ciment romain de 0m,11 d'épaisseur.................	2.021,60	9,18	18.558,29	
13° Cloisons en briques creuses de 0m,11 d'épaisseur avec enduits...............	222,25	6,88	1.529,08	
14° Maçonnerie de briques de Bourgogne hourdée en plâtre....................	47,70	64,23	751,49	
15° Légers ouvrages en plâtre...........	3.423,73	2,52	8.627,80	
A reporter...	....	......	....	183.468,80

DÉSIGNATION DES TRAVAUX.	QUANTITÉS.	PRIX par UNITÉ.	PRODUITS PARTIELS.	PRODUITS TOTAUX.
	MÈTRES.	FR. C.	FR. C.	FR. C.
Report....	....	......	....	183.468,80
3e SECTION. — **Charpenterie.**				
1° Bois de chêne, sciage sur une ou plusieurs faces........................	283,78	118,75	33.698,87	167.697,45
2° Bois de sapin lavé à la scie, assemblé ou non assemblé.........................	1.334,69	90,25	120.455,77	
3° Escaliers, compris limons, etc., nombre de marches.........................	202 »	9,50	1.919 »	
4° Cales, fourrures, échantignolles, etc...	2.756 »	0,48	1.322,88	
5° Chevillettes.........................	3.500 »	0,10	350 »	
6° Cintres, 1er emploi....................	201,62	31,16	6.282,48	
7° Cintres, 2e emploi....................	399,63	8,55	3.416,84	
8° Etais, 1er emploi....................	6,16	20,24	124,68	
9° Etais, 2e emploi.....................	5,29	6,18	32,69	
10° Travaux divers à la journée..........	»	»	94,24	
4e SECTION. — **Couverture.**				
1° Couverture en ardoises, modèle anglais.	2.364,80	4,80	11.351,04	19.113,68
2° Chéneaux en plomb sur pente en plâtre.	87,60	28,80	2.522,88	
3° Cuvettes en plomb..................	10 »	24 »	240 »	
4° Couverture de corniche en zinc n° 14...	188,80	6,72	1.268,74	
5° Chéneaux en zinc n° 14.............	188,80	7,68	1.449,98	
6° Chemin de service en zinc...........	4 »	14,40	57,60	
7° Tuyaux de descente en zinc de 0m,11 de diamètre............................	195 »	2,88	561,60	
8° Tuyaux de descente en fonte de 0m,11 de diamètre..........................	25 »	5,76	144 »	
9° Arêtiers en zinc....................	88 »	7,68	675,84	
10° Faîtages en tuiles neuves de Bourgogne maçonnées..........................	80 »	2,40	192 »	
11° Châssis de comble..................	20 »	32,50	650 »	
5e SECTION. — **Menuiserie.**				
1° Plancher en sapin, frise à rainure et languette............................	11.035,50	4,83	53.301,95	65.141 »
2° Tasseaux triangulaires autour des murs et des poteaux......................	1.758,60	0,46	808,96	
3° Portes, volets, parties pleines.........	378,22	9,66	3.653,61	
4° Persiennes dormantes, lames mobiles, etc.	225,03	11,50	2.587,84	
5° Croisées pivotantes, petits carreaux.....	262,49	10,12	2.656,40	
6° Travaux divers.....................	»	»	2.132,24	
A reporter...	....	......	....	435.420,93

DÉSIGNATION DES TRAVAUX.	QUANTITÉS.	PRIX par UNITÉ.	PRODUITS PARTIELS.	PRODUITS TOTAUX.
	MÈTRES.	FR. C.	FR. C.	FR. C.
Report...	....	......	....	435.420,93
6e SECTION. — **Serrurerie.**				
1° Fonte pour chapeaux, etc.............	89.131 »	0,322	28.700,18	65.157,80
2° Fonte pour colonnes.................	8.450 »	0,405	3.422,25	
3° Gros fers pour ancres, tirants.........	23.600 »	0,644	15.198,40	
4° Gros fers pour boulons d'assemblage....	9.600 »	0,92	8.832 »	
5° Ferrures de portes, volets, croisées et persiennes.........................	»	»	9.004,97	
7e SECTION. — **Peinture et Vitrerie.**				
1° Peinture des bois, trois couches, et rebouchage..............................	3.700 »	0,91	3.367 »	6.349,04
2° Peinture des fontes au mètre carré.....	1.104 »	0,96	1.059,84	
3° Peinture des fers au mètre courant.....	5.400 »	0,17	918 »	
4° Peinture des fers à la pièce...........	3.500 »	0,05	175 »	
5° Vitrerie en verre ordinaire............	175 »	4,08	714 »	
6° Vitrerie en verre double..............	15 »	7,68	115 »	
8e SECTION. — **Pavage en bois.**				
Pavage en bois (système Devicque).........	»	»	7.466,12	7.466,12
			TOTAL GÉNÉRAL...	514.303,89

Ce bâtiment ayant une superficie de 2,107 mètres, le prix de revient par mètre est de 244 fr. 13 c., ce qui correspond à 30 fr. 51 c. par mètre et par étage, caves comprises.

Prix de revient du chais n° 1,

Sur le terre-plein (rive droite) du bassin du pont de Flandre.

DÉSIGNATION DES TRAVAUX.	QUANTITÉS.	PRIX par UNITÉ.	PRODUITS PARTIELS.	PRODUITS TOTAUX.
	MÈTRES.	FR. C.	FR. C.	FR. C.
1re SECTION. — Terrassements.				
1° Déblais pour fouille et charge, transport en dépôt et emploi en remblais.........	1.015,00	0,92	933,80	1.722,00
2° Sol du magasin dressé, mélangé de chaux en poudre, arrosé et battu.......	1.433,10	0,55	788,20	
2e SECTION. — Maçonnerie.				
1° Béton hydraulique en fondations......	192,21	15,60	2.998,48	29.215,24
2° Maçonnerie de meulière et mortier hydraulique.........................	456,30	20,18	9.208,13	
3° Maçonnerie de moellons hourdée en plâtre..............................	625,94	15,60	9.764,66	
4° Légers ouvrages en plâtre............	772,15	2,52	1.945,82	
5° Enduit en ciment avec rocaillage en meulière............................	642,15	4,13	2.652,08	
6° Enduit en mortier hydraulique........	778,80	2,29	1.783,45	
7° Maçonnerie en pierre de taille de roche.	5,96	87,16	519,47	
8° Parement vu de la pierre de roche.....	51,44	6,42	330,24	
9° Parement de moellon smillé et rejointoyé.	7,36	1,38	10,16	
10° Travaux en régie..................	» »	» »	2,75	
3e SECTION. — Charpenterie.				
1° Bois de chêne sciage sur une ou plusieurs faces............................	63,10	118,75	7.493,12	36.741,52
2° Bois de sapin lavé à la scie, assemblé ou non assemblé.......................	319,18	90.25	28.806,00	
3° Chevillettes	4.424,00	0,10	442,40	
4e SECTION. — Couverture.				
1° Couverture en tuiles de Bourgogne	2.483,41	4,32	10.728,33	
2° Faîtages en tuiles de Bourgogne maçonnées............................	238,70	2,40	572.88	
3° Chéneaux en zinc n° 16.............	198,96	10,56	2.101,02	
A reporter...	....	.....	....	67.678,76

DÉSIGNATION DES TRAVAUX.	QUANTITÉS.	PRIX par UNITÉ.	PRODUITS PARTIELS.	PRODUITS TOTAUX.
	MÈTRES.	FR. C.	FR. C.	FR. C.
Report. . .	......	......	......	67.678,76
4° Tuyaux de descente en zinc n° 14 de 0m,11 de diamètre..................	90,00	2,88	259,20	14.964,02
5° Tuyaux de descente en fonte de 0m,11 de diamètre........................	12,00	8,16	97,92	
6° Egouts et doublis..................	477,40	2,21	1.055,05	
7° Ruellée en plâtre..................	143,90	0,67	96,41	
8° Travaux divers.....................	» »	» »	53,21	
5e SECTION. — **Menuiserie.**				
1° Plancher en sapin frise à rainures et languettes..........................	1.450,91	4,83	7.007,90	7.866,33
2° Portes pleines en chêne...............	33,84	9,66	326,89	
3° Croisées pivotantes, petits carreaux....	15,12	10,12	153,01	
4° Tasseaux triangulaires..............	359,60	0,46	165,42	
5° Travaux divers......................	» »	» »	213,11	
6e SECTION. — **Serrurerie.**				
1° Gros fers pour ancres, tirants, etc.....	3.044,50	06,44	1.960,66	3.737,95
2° Gros fers pour boulons...............	1.223,90	0,92	1.125,99	
3° Ferrures de portes et croisées..........	» »	» »	651,30	
7e SECTION. — **Peinture et Vitrerie.**				
1° Peinture à l'huile, trois couches et rebouchage............................	748,83	0,91	681,44	883,32
2° Vitrerie en verre ordinaire............	42,51	4,08	173,44	
3° Peinture des fers à la pièce...........	220,00	0,05	11,00	
4° Travaux divers.....................	» »	» »	17,44	
			TOTAL GÉNÉRAL. . .	95.130,38

Ce bâtiment ayant une superficie de 2,044 mètres, le prix de revient par mètre est de 46 fr. 54 c.

RÉSUMÉ.

FR. C.

D'après les tableaux qui précèdent, le prix de revient du magasin-dock n° 1 est, y compris le chenal intérieur, de.................. 521.497,20

Ce qui, pour une superficie de 2,112 mètres, fait revenir le prix du mètre carré à.. 247, »

Et le prix du mètre superficiel par étage à...................... 35,30

(Les sommes ci-dessous comprenant les frais de conduite.)

Pour le magasin-dock n° 2, où il n'y a pas de chenal, le prix de revient est porté à.. 390.772,33

En y comprenant les frais de conduite, comme pour le magasin n° 1, ce chiffre devrait être porté à.................................. 410.000, »

Ce qui, pour une surface de 2,112 mètres, fait revenir le prix du mètre carré à.. 194,15

Et le prix du mètre superficiel par étage à...................... 27,75

Le prix de revient du magasin-dock n° 1 du pont de Flandre, avec les caves, est porté à.. 514.303,89

En y comprenant les frais de conduite, ce chiffre serait de........ 540.000, »

Ce qui, pour une superficie de 2,107 mètres, fait ressortir le prix par mètre carré à.. 256,30

Et le prix du mètre superficiel par étage à...................... 32,03

Le magasin-dock n° 2 du pont de Flandre, où il n'y a pas de cave, est revenu, compris les frais de conduite, à...................... 420.000,00

Ce qui, pour une superficie de 2,107 mètres, fait ressortir le mètre carré à environ.. 200, »

Et le prix du mètre superficiel par étage à...................... 28,50

Le prix de revient du chais n° 1 est porté à...................... 95.130,38

En y comprenant les frais de conduite, ce chiffre s'élèverait à..... 100.000, »

Ce qui, pour une superficie de 2,044 mètres, ferait ressortir le mètre carré à.. 48,92

FIN.

Paris. — Typographie Hennuyer, rue du Boulevard des Batignolles, 7.

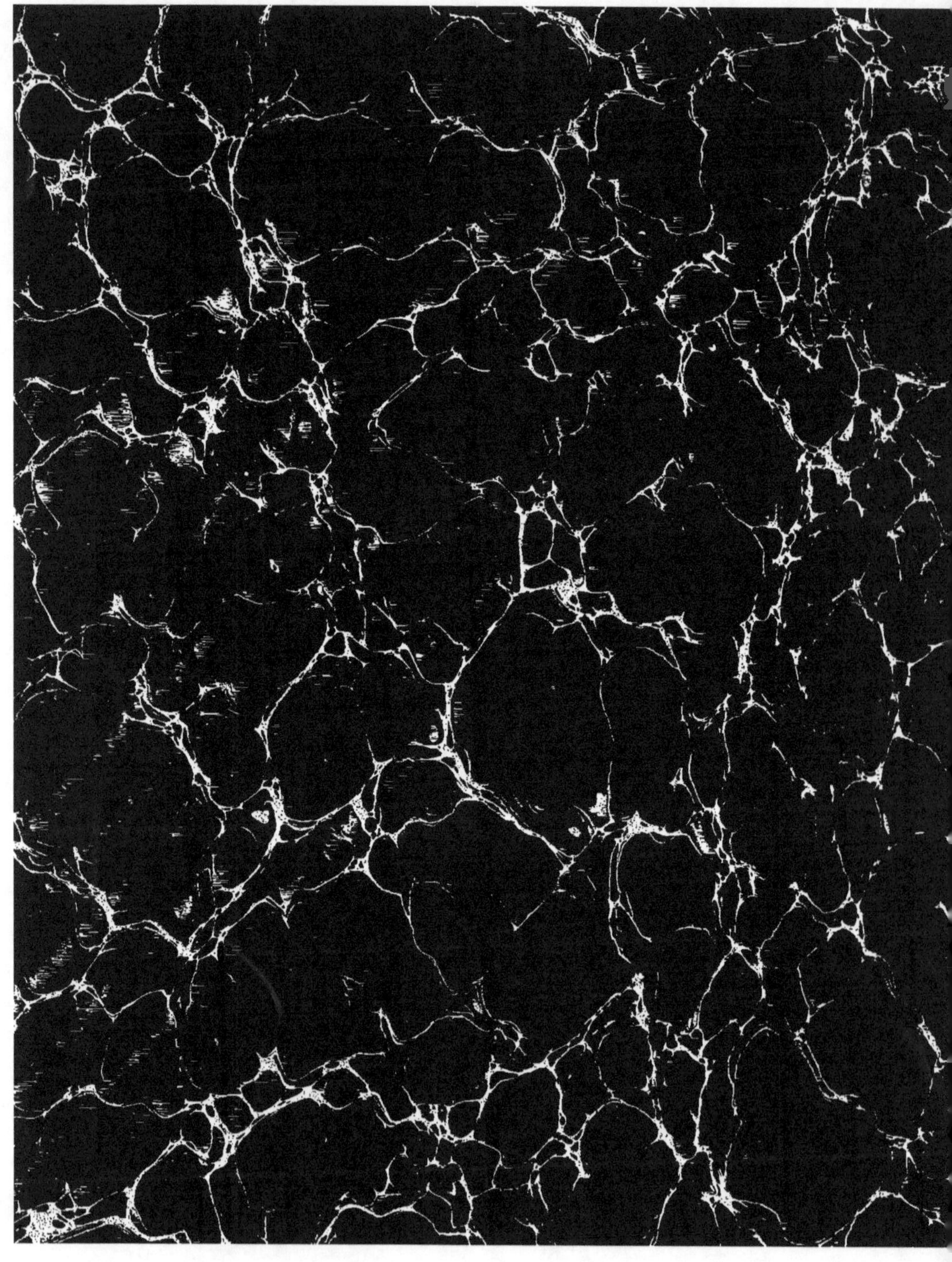

www.ingramcontent.com/pod-product-compliance
Lightning Source LLC
LaVergne TN
LVHW020436230826
846091LV00004B/1506

* 9 7 8 2 0 1 2 4 7 8 3 9 8 *